Schriftenreihe des Kreisheimatbundes Steinfurt
Band 5

Das Steinfurter Bagno

Alte Beschreibungen und Ansichten

Für den Neudruck bearbeitet von
Hans-Walter Pries

Greven 1988

Herausgeber: Kreisheimatbund Steinfurt in Verbindung mit der Stadt Steinfurt
Gesamtherstellung: Druckhaus Cramer, 4402 Greven 1
© Eggenkamp Verlag, Greven
Kreisheimatbund Steinfurt
Stadt Steinfurt
ISBN 3-923 166-24-9

Inhalt

Vor 200 Jahren erschien das erste Werk über das Bagno.

Vorwort

Der vorliegende Band widmet sich einem ganz außergewöhnlichen Objekt im Kreis Steinfurt: dem Bagno, also dem in der Landschaft zwischen den beiden Steinfurter Stadtteilen Burgsteinfurt und Borghorst gelegenen Park des Schlosses von Burgsteinfurt. Sein heutiger Zustand läßt kaum noch erahnen, welche Attraktionen und Sehenswürdigkeiten er einst barg.

Geschaffen nach Ideen der Grafen Karl und Ludwig von Bentheim-Steinfurt, die in dem nahen Schloß residierten, entwickelte sich das Bagno zu einem Anziehungspunkt, der eine große Zahl von Besuchern nach Burgsteinfurt zog und dadurch zu einem bedeutenden gesellschaftlichen, kulturellen und wirtschaftlichen Faktor für die Grafschaft und die Stadt wurde.

In diesem Buch werden etliche der zeitgenössischen Ansichten und Beschreibungen, die früher schon veröffentlicht worden sind, erneut vorgelegt.

Herausgeber und Bearbeiter erwarten, daß neuerliche Forschungen über das Bagno wichtige Erkenntnisse bringen und in einiger Zeit ein helleres Licht auf die Geschichte des Bagnos und auf seinen kulturhistorischen Rang werfen werden.

Die alten Ansichten und Beschreibungen haben aber einerseits ihren eigenen künstlerischen und dokumentarischen Wert, andererseits werden sie jetzt als Quellen gebracht, und zwar in einer Situation, in der die jüngsten Bestrebungen diskutiert werden, das letzte erhaltene Bauwerk aus der Glanzzeit des Bagno, den Konzertpavillon, zu restaurieren und einer angemessenen Nutzung zuzuführen.

Dieses Buch kann dazu beitragen, daß die Eindrücke, die etliche zeitgenössische Besucher der ungewöhnlichen Gartenanlage geschildert haben, wieder besser bekannt werden. Dadurch soll deutlich werden, in welche größeren Zusammenhänge das Bagno, seine Wiederherstellung und die künftigen Nutzungsmöglichkeiten gehören.

Kreisheimatbund Steinfurt   Stadt Steinfurt

Alfons Allkemper   Franz Brinkhaus   Ernst-Werner Wortmann

Kreisheimatpfleger und   Bürgermeister   Stadtdirektor
Vorsitzender des
Kreisheimatbundes Steinfurt

Entstehung und Entwicklung des Bagno

Der Name „Bagno" bezeichnet heute das gesamte, ca. 421 ha große Wald- und Wiesengebiet zwischen den Stadtteilen Borghorst und Burgsteinfurt, das damit eines der größten Naherholungsgebiete weit und breit ist. Es wird nicht nur von den Bürgern der beiden Steinfurter Stadtteile, sondern auch von zahlreichen Erholungssuchenden auch aus der ferneren Umgebung und sogar aus dem benachbarten Holland häufig besucht. Die gut ausgebauten Spazier- und Fahrradwege laden zu einem kleineren oder größeren Rundgang ein. Dazu locken Rundfahrten mit gemieteten Ruderbooten auf dem See. Auch für das leibliche Wohl ist gesorgt: die Bagnogaststätte bietet schon seit vielen Jahrzehnten einen angenehmen Aufenthalt. Wer sportliche Ambitionen hat, schließt sich vielleicht dem Golfclub an, der sein Domizil in der ehemaligen Wache nahe der Gaststätte hat, oder nutzt einfach nur das Angebot des Trimmpfades, um sich zu bewegen.

Das reiche Freizeitangebot, das sich im Bagno heute findet, ist jedoch nur gering im Vergleich zu den Zerstreuungen, die am Ende des 18. Jahrhunderts hier dem Besucher zur Verfügung standen. Dies war der Endpunkt einer Entwicklung, die von Graf Karl Paul Ernst von Bentheim-Steinfurt um 1765 in Gang gesetzt worden war, als er nahe einer sogenannten Entenkoje ein Badehaus errichten ließ, von dem die ganze Anlage ihren Namen erhielt: ital. il Bagno = das Bad. Im weiteren Verlauf wurde ein Teil des Waldes als Sommerresidenz in einen französischen Garten nach dem Muster der Versailler Schloßgärten mit Alleen, hohen Buchenhecken, symmetrischen Beeten, Kanälen, Springbrunnen, Statuen, Pavillons und einem kleinen See umgewandelt. Dieser See wurde 1770-74 unter Heranziehung der gräflichen Eigenbehörigen und zeitweiser Inanspruchnahme der Burgsteinfurter Bürger wesentlich erweitert.

Später wurden dann nach der Mode eine Reihe von Bauwerken im sogenannten chinesischen Stil hinzugefügt, bevor Graf Karls Sohn Ludwig ab 1780 nach dem Vorbild von Schloß Ludwigshöhe in Kassel eine Anzahl von Wasserspielen anlegen ließ. Hierzu „spionierte" er höchstselbst bei Nacht und Nebel im Kasseler Schloßgarten, wo der nähere Zugang zur dortigen Fontäne bei Todesstrafe verboten war. Die von ihm danach im Bagno installierte Fontäne war daraufhin auch die größte ihrer Zeit in Europa. Auch sonst ließ er den bis dahin steifen französischen in einen Garten nach englischem Vorbild ändern. Er sorgte auch dafür, daß der See seine jetzige Ausdehnung erhielt.

Die enorme Vergrößerung der Anlage sowie der Einbau der nötigen Technik wirkten sich für Burgsteinfurt als Arbeitsbeschaffungsmaßnahme aus und führten so, obwohl aus der Liebhaberei eines kleinen absolutistischen Landesfürsten hervorgegangen, zur merklichen Anhebung des Lebensstandards der Bevölkerung. Da Graf Ludwig auch die gehobenen Schichten des Bürgertums zur Besichtigung seines Parks und Teilnahme an den Attraktionen einlud, wurde das Bagno ein erstes Beispiel für die heute so verbreiteten „Freizeitparks". Es zog eine steigende Zahl von Besuchern an, die um 1780 zu jährlich etwa 500 Übernachtungen, im Jahr 1805 aber schon zu 4300 führte. Davon profitierten nicht nur die Wirte.

Das Angebot für Auge und Ohr war zu dieser Zeit aber auch sehr reichhaltig; so werden 1793 49 Sehenswürdigkeiten aufgezählt, die quer durch alle Nationalitäten gingen: ägyptische Pyramide, chinesisches Palais und Teehaus, Schweizerhaus-Küche, türkische Moschee, griechischer Tempel, die Fontäne, fünf künstlich angelegte Inseln − eine mit einer romantischen Ruine −, ein großes Wasserrad, ein Aussichtsturm, ein Wildgehege usw. In dieser erstaunlichen Zusammenstellung von baulichen Kuriositäten fanden Feste, Konzerte, Unterhaltungsspiele, Theateraufführungen, Feuerwerke, Fahrten mit Booten sowie mit Pferd und Wagen statt.

Besonders hervorzuheben sind dabei die Konzerte, die von der gräflichen Hofkapelle im Bagno gegeben wurden. Sie war von dem musikbegeisterten Grafen Karl gegründet und vom Grafen Ludwig erweitert worden, die beide ausgezeichnete Flötenspieler waren. Graf Karl ließ für die Abhaltung von Konzerten um 1770 einen Konzertsaal errichten, der heute noch erhalten ist und dessen Restaurierung geplant ist, da er wohl der älteste allein für die Aufführung von Konzerten erbaute alleinstehende Saal in Europa ist. Er fällt durch die vielen hohen Türen an den beiden Längsseiten auf, die früher bei der Abhaltung der Konzerte geöffnet wurden, um Gartenarchitektur und Musik zu einem Gesamtkunstwerk zu vereinen. In seinem Innern findet sich eine reiche Stuckdekoration, die an den Schmalseiten in einer Aphroditenstatue und einer qualitätvollen wasserspeienden Muschelgrotte ihre Höhepunkte fand. Es ist zu wünschen, daß der Saal nach seiner Restaurierung wieder im ursprünglichen Sinn genutzt werden kann.

Der Zustrom der Fremden brach allerdings bald ab, als nach dem Einmarsch französischer Truppen 1806 die Grafschaft Steinfurt dem Großherzogtum Berg angeschlossen wurde und damit von der Landkarte verschwand. Graf Ludwig hielt sich auf Jahre hinaus in Paris auf, um sich an Ort und Stelle für die Rückgabe seines Territoriums verwenden zu können, was sich im Lauf der Zeit als Illusion herausstellte. Die Anlagen des Bagno konnten zum Teil aus akutem Geldmangel nicht mehr angemessen gepflegt werden und verfielen. Die Faszination war dahin, und der Fremdenverkehr ebbte wieder ab.

Alte Ansichten

Am Anfang dieses Bandes steht ein nahezu vollständiger Neudruck der 1787 erschienenen Hefte XVIII, XIX und XXI aus der Reihe der „Cahiers des Jardins Anglais" – dt.: „Hefte der Englischen Gärten". Hierin sind Stiche nach Zeichnungen des Füstl. Baudirektors Friedrich Christian Schatzmann abgedruckt, der wesentlich an der Gestaltung der Bauten mitgewirkt hat. Der Text des Vorwortes stammt nach Döhmanns Angaben vom Grafen Ludwig von Bentheim-Steinfurt selbst. Mit dem Herausgeber der Hefte, dem Königlichen Ingenieur-Geographen Le Rouge, war er 1785 während eines Aufenthaltes in Paris zusammengetroffen. Die in den zweiten Teil des Bandes aufgenommene „Beschreibung von Bagno zu Steinfurt in Westphalen 1791" besteht weitgehend aus einer freien deutschen Übersetzung dieser Seiten, so daß an dieser Stelle nur die deutsche Übersetzung des ersten Absatzes gebracht sei, der von Le Rouge beim Abdruck weggelassen worden ist.

So schreibt Graf Ludwig: „Ein Garten ist in meinen Augen ein weites Gemälde, dessen zahllose, Mal für Mal variierende Nuancen diese ländlichen Wunder schaffen, wo fern von den Turbulenzen, die die Welt uns bereitet, die Seele reich ist an Glückseligkeit, Unschuld und Freude. Weit entfernt also davon, daß eine Flur einer ausgiebigen Monotonie eines symmetrischen Plans geweitet ist, wo jede Allee ihre Schwester hat und jede Laube ihren Bruder, soll sie diesen wohl geordneten Mahlzeiten ähneln, wo bis zum Geringsten der Lebensgenossen jeder sein gewünschtes Gericht findet. Und es ist ungefähr dieses, was das Bagno uns liefert, so daß ich glaubte, der Öffentlichkeit einen Gefallen zu erweisen, indem ich hier den Entwurf dieses bewundernswerten Gartens schildere, der, gelegen in einem großen Eichenwald von ehrwürdigstem Alter, durch seine glänzenden Abwechslungen im unbekannten Westfalen einen köstlichen Aufenthalt schafft, dem die häufigen Besuche von fremden Verehrern die schmeichelhaftesten Ehrerbietungen bringen."

XVIII ET XIX CAHIER
des jardins anglais
contenant

celui du Bagno à Steinforten Westphalie

DEDIÉ

à S.F.M. le Comte Louis du S.Empire Regnant de Bentheim, Steinfort,Tecklenburg et
Limburg, Seigde Rehda,Werthrhafen, Hoya,Alpen et Helfenstein,Prevôt hereditaire de Cologne, Seigne
Reduret de Butenburg,&&;d'Hovikerwerdt et Kavenhorst, Chevalier de l'Ordre Royal de l'Elephant
et de l'Ordre Palatin du Lion d'Or &&.

par son très humble et très obeissant   Serviteur le Rouge ing.r Geographe du Roi
A PARIS   May 1787
Rue du,
6 Aout.
1787 Privile.

Prix 12.re le Cahier
avec Description.

Vois ces bois, la nature
affranchie
libre du travail & libre des loix
& livre librement à sa molle
paresse
S.Lambert.

PLAN GENERAL DU BAGNO

18. und 19. Heft der englischen Gärten, jene des Bagno in Steinfurt in Westfalen enthaltend, dem Grafen Ludwig von Steinfurt ... gewidmet von
seinem ergebensten Diener le Rouge, Königl. Ingenieur-Geograph. – Paris, Mai 1787

11

DESCRIPTION DU BAGNO,

Jardin Anglo-François Chinois.

A STEINFORT,

près de MÜNSTER en Westphalie.

Avant-propos.

LES petits chifres souligné 1. 2. 7. 2. 3. 8.ª indiquent la place dans le Plan général, les gros chifres enfermé dans une Parenthèse, marquent les pages du Cahier.

Ce Magnifique Jardin, au milieu d'une immense Forêt de Vieux chênes ne laisse rien d'être par ses variétés intimes un séjour agréable au fond de la Westphalie. Les Etrangers curieux le visitent journellement.

LE PLAIN général représente la Fille de STEINFORT 1.2 avec ses collèges et Bâtion.* publics vers le Nord (3)

LE CHATEAU Gothique dans une tête formée par la Riviere d'Aa, prouve la Noblesse des Maîtres déja célèbres dans les Siècles passées.

La Riviere qui vient du Sud-Ouest donne une Vie charmante, dont les lointains sont terminés par une crête d'Arbres en Amphithéatre, par des prairies émaillées, et une blancherie Hollandaise, 4 ou quantité de personnes sont journellement occupées à apprêter les plus belles toiles; d'une Architecture Gothique sont extraite. (6) la commanderie de Ma(lthe, 5 avec ses Jardins, ses parties des faubourgs et la q.te Eglise, d'une Architecture Gothique sont resturés par la Riviere qui porte les Bacnages.

En sortant du chateau pour se rendre au B. 1.6-=NO, on traverse l'Aa au moyen d'un pont faite pour passer dans le Jardin François 6 (7) écoré d'une Theatre de Verdure, d'une Orangerie, d'arcades, et d'un quinconce qui nous conduit par un pont chinois, dans le Jardin Irritée de la Promesse 8 ou ce présente la grande allée illamnée par des Reverberes, entourée d'un parc rempli de Oiseaux sauvages, de Dains, Cerfs,

Biches, lièches, &.ª (8) l'entrée du BAGNO est asscurée par le corps de garde des tivoudiers, 17 (9) et d'un Nombre de Sentisnelles distribuées cà et là.

Le premier Bâtiment est celui de la garde en forme de hameau 19 (10) orné de tour ses environs Champêtres; la chaque Etranger trouve un guide, qui lui explique le Jardin, fait jouer les Eaux, offre les rafraichissemens qu'on peut desirer 19 ce présente une des entrée du BAGNO. 24 (11) Vous voyez devant vous décoras une pièce d'eau un des quatre Pavillons 24 d'ordre Dorique qui ce trouvent et 30 Toises de distance l'un de l'autre (10)

LE PAVILLON Septendrional ce trouvent devire vous et les deux autres à 40 Toises, a droite et à gauche, formant la Croix et servent à loyer la suite du maître, cet espace renfanne le Bereau de Diane, le jardin des Fleurs de la Praicasse, au jeu de Mail, avec Six cabinets de Tredare, un Ruisseau entoure la Menazerie 26 (12) et après ces détours forme la fascicale Hollandaise Au Nord, vous trouvez l'entrée du grand Bereau, 34 (13) qui conduit au Therme de Diane de la source sous le Temple à la Romaine 30 (36) ensuite, retournant par l'autre côté du Bereau, la scene des Irrider François ce perd entierement, car en passant le pont Chinois 32 sous laquel serpente un ruisseau, tantôt large, tantôt resseré, on découvre belle fontaine, jaillissante et en prenant la Marte le courant du Ruisseau, on trouve la Margré 33 (14) le Knoope est à 25 Toises de la, vers la gauche 34 (18) ce Sillon destiné au repas dont l'Architecture Gothique nous rappelle ces temps où le bonne Germain brisa les fashes de l'indomptable Hermanius, qui battit Varus, et sauva sa Patrie, orne le Plafond de ce Bâtiment national.

De la au Rocher vous ramene vers la Gallerie 39 (17) destinée aux Concerts et aux Bals deux Girolles (20) chef-d'Œuvres d'un art presque récent, formant un tableau accompli par des Madragrose, le Corail, et les Coquillages les plus recherches. (18) la Coupe de ce Grand Bâtiment prouve que les décorations et l'Ameublement montent bien les Eloges qui lui sont si convent prodiguées.

Vis à vis de ce Bâtiment à 70 Toises de distance ce trouve la grande Perspective pour des Illuminations 39 (22)

Le Palais Chinois, 37 (24) qui est pris de la grande Avenue étant au Cinq-Avril charmante, et presant au Seigneur, qui fait, vadevant la Vue sur tous les Passants qui promnent cette Route pour Munster.

Les décorations variées des Appartements sont tant Gru C recherches de Touchnes reprivem le détail de ce Palais de la Chine dépui ravures du milieu de ce Rocher, qui fonde landière à la Chine.

Les Lanternes Chinoises 38 ornent la Didamie au-lune de l'Avenue et du Parterre d'Englami qui ornent des poisons divri.

Un beau, et d'Eau 35 devire cette place tente ce que les mains d'Allemagne ont (21) Dervire cette Gallerie deux Routes différentes vous conduisent dans une partie du grand bois orné de divers bosquets

La Colone Mexique 40 (19) le Temple 42 (26) les Irvis Entrée du bosquet 44 45 46 (27) La Statue de Cupidon 43 ravit, ce présente merveilleusement dans une cité tandis que de l'autre des chemins en Zelque vous menent dans une sorte de Latyrinthe où divers jour méchaniques vous invitent à faire des parties, aussitôt, que de chcvin 56 57 58 59 60. 61.

En quittant ces délassements Euryrévit un autre Objet s'offre à la Fin, c'est la place Chinois 52. 53. entourée d'une Gallerie contenant une qtinté de Chaires (29) qui servent et amusent l'Eupyréour satisva de toute sa Cour qui paroit assister à quel que Fête publique.

Au milieu de cette place 53 s'élève un Solles Chinois en Treillage pour prendre le Frais (50) deux Pagodes placées dans des niches 54 paroissent applaudir à cette Fête par leur Mouvement de tête-de-la-tu vous conduit par plusieurs détours au Salon des Bains 62 (51)(52) un petit Escalier qui paroit bouche vers son Extremité vous fait entrer tout-à-coup dans le Montueux l'Avon (55) l'on vous voyez la Montueux l'Avon mege 64 63. de-la cette même chûte ou puel dans les Torses, sert par mille crevures du milieu de ce Rocher, qui fonde ravures du milieu de la Montueux, formant du supprenEm landière à la Chine.

A mesure qu'on approche du sommet on devire le Vaisseau (54)(55) et l'on admire moyen des plus raves produirfions de venue mate mattque, l'Histoire d'Arange l'isole vous paint par des vers et toushant, est mentantut moment intervinant ce de charmate Dauphin enleve pour le Triomphe de l'harmonie, son prologe un scvonnel et enmandez les lâchez Mariadeurs Compagnons monirteuse du Divin Avion.

comme cette cascade 60 devinad du haut du mult du Navire (56) elle revit ou ses nappes détandres tout l'or des flats du Rocher 57 Après que vous avez admiré ici son secrets résumant, enhellez par des vives quiridez(57) augmentez les lâches Mariadeurs Compagnons (58) que l'Elevation de la Montueux prévient un Escalier dans le Roc vous mene au bas de

TABLE
du XVIII et XIX Cahier —
Premiere Partie.

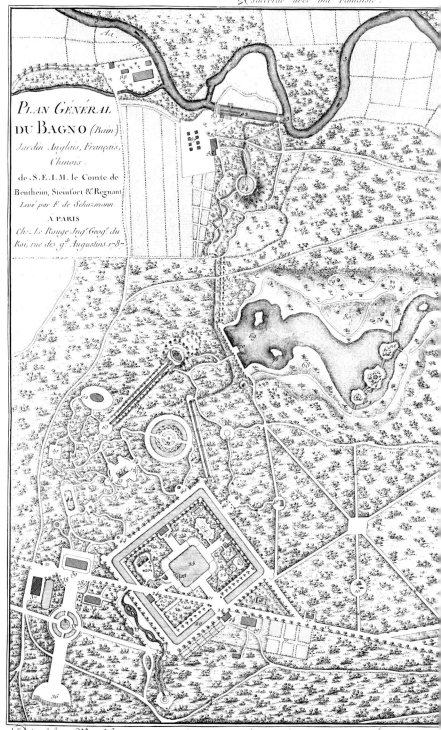

Übersichtsplan des Bagno

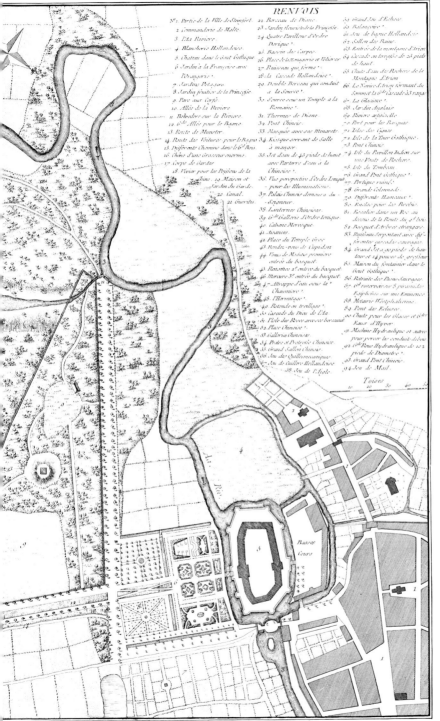

Ferte Simul faunique pedem Dryadesque puellæ
Munera Vestra Cano . . . . Virg.le Geor.e

15

VÛE DE STEINFORT.

Ansicht von Steinfurt

16

Blancherie Hollandoise.

Holländische Bleicherei

Le Jardin Français.

Der französische Garten

Le Parc aux Cerfs, Chevaux &ᵃ.

Das Wildgehege für Hirsche, Pferde usw.

Corps de Garde des Grenadiers.

Die Grenadier-Wache

Maison du Garde en forme de Bannreau.

Das Gardehaus in Gestalt eines Landgasthofes

20 pieds

21

Entrée du Bagno.

Der Eingang zum Bagno

Menagerie des Animaux Étrangers. Voliere.

Gehege der ausländischen Tiere. Voliere

Vue de L'Entrée du Grand Berceau.

Ansicht des Einganges zur Großen Laube

24

La Mosquée avec ses Minarets.

Die Moschee mit ihren Minaretten

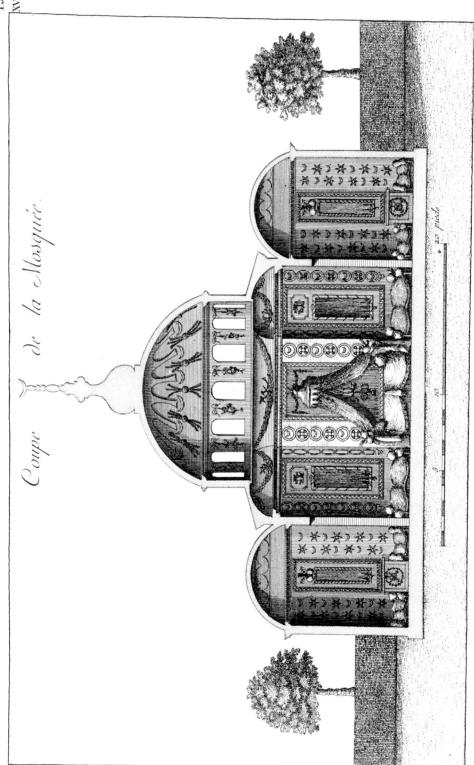

Coupe de la Mosquée.

Schnitt der Moschee

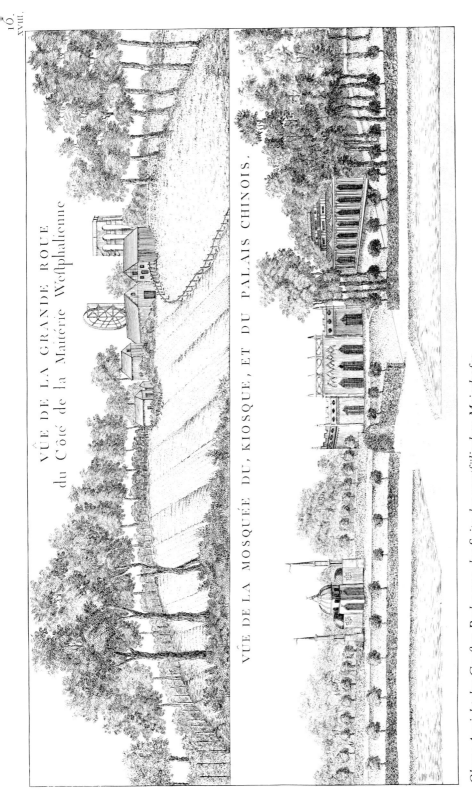

VÛE DE LA GRANDE ROUE
du Côté de la Maiterie Weſtphalienne

VÛE DE LA MOSQUÉE DU, KIOSQUE, ET DU PALAIS CHINOIS.

Oben: Ansicht des Großen Rades von der Seite des westfälischen Meierhofes.
Unten: Ansicht der Moschee, des Kioskes und des chinesischen Palastes

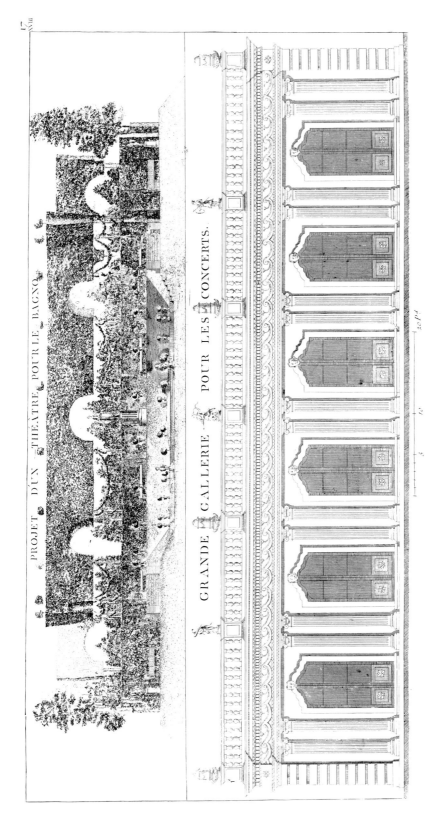

Oben: Projekt eines Theaters für das Bagno. – Unten: Große Galerie für die Konzerte

KIOSQUE SERVANT DE SALLE A MANGER.

COUPE DE LA GALLERIE EN LONG.

Oben: Kiosk, der als Speisesaal dient. — Unten: Längsschnitt der Galerie

CABANE
MORESQUE

COUPE
DU KIOSQUE

Un des quatres Pavillons
d'Ordre Dorique

Links oben: einer der vier Pavillons im dorischen Stil. — Rechts oben: maurische Hütte. — Unten: Schnitt des Kioskes

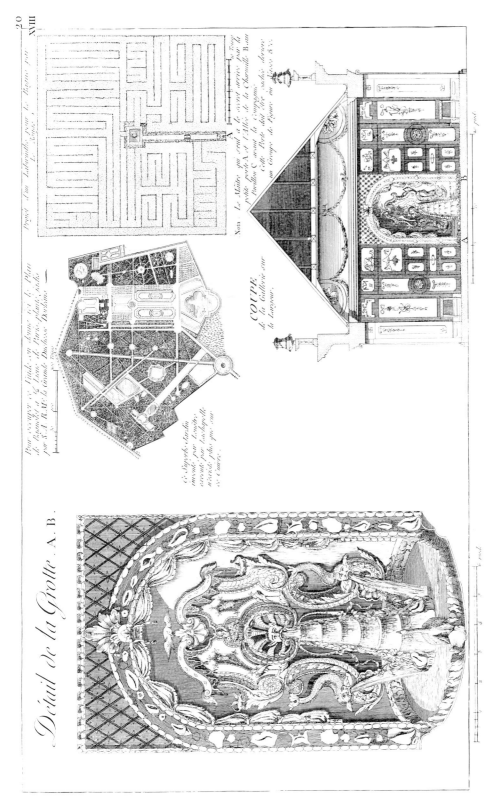

Links: Detail der Grotte ›in der Galerie‹. – Mitte oben: Zum Vergleich wurde hier eingesetzt der Plan des Bagnolet, eine halbe Meile von Paris, das einst von der Großherzogin von Orléans eingerichtet worden ist. – Rechts oben: Projekt eines Labyrinthes für das Bagno von Le Rouge. – Rechts unten: Längsschnitt der Galerie

VUE DES JLLUMINATIONS CHINOISES

Ansicht der chinesischen Ziergebäude

Vue Perspective pour les Illuminations.

Perspektivische Ansicht der Ziergebäude

VUE DE LA GALLERIE ET DU PARTERRE D'EAU CHINOIS

Ansicht der Galerie und des Beetes am chinesischen Teich

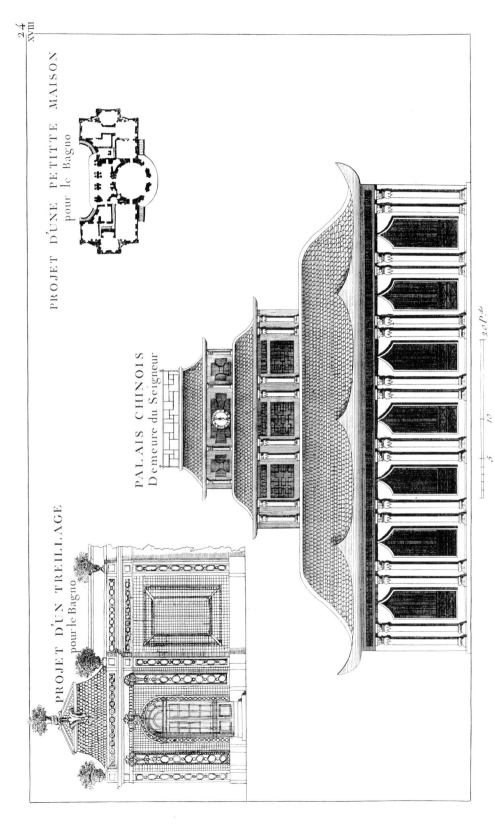

PROJET D'UNE PETITTE MAISON
pour le Bagno

PALAIS CHINOIS
Demeure du Seigneur

PROJET D'UN TREILLAGE
pour le Bagno

5 10 20 P.ds

Links oben: Projekt eines Gitterwerkes für das Bagno. – Mitte: chinesischer Palast, Aufenthaltsort des Herren.
Rechts oben: Projekt eines kleinen Hauses für das Bagno

35

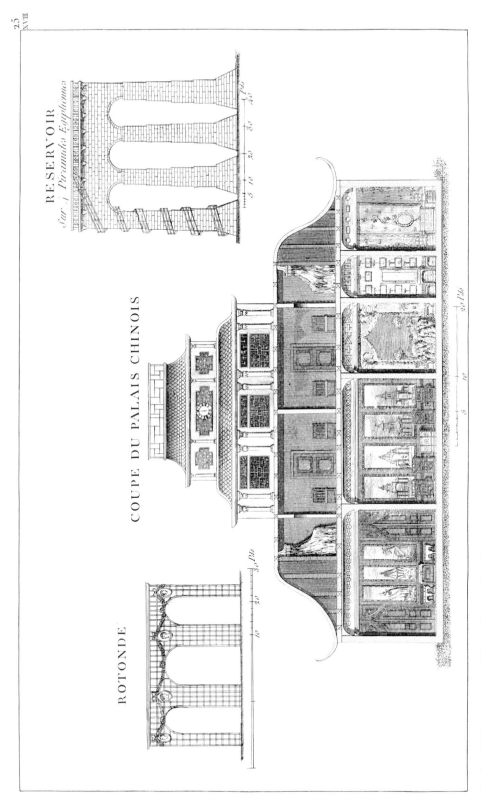

Links: Schirmdach. — Mitte: Schnitt des chinesischen Palastes. — Rechts: Behälter auf vier ägyptischen Pyramiden

Temple Grec.

Cahier.

est dans le 18.e Cahier.

Dessins:

Tiré 12.e la Description.

Griechischer Tempel

La Vue   des Trois Entrées   Du Bosquet

Die Ansicht der drei Eingänge des Haines

L'Isle des Roses

Statue de Cupidon.

Links: die Roseninsel. – Rechts: Amor

Vue de la Place et du Sallon Chinois.

Ansicht des chinesischen Platzes mit dem Salon

GRAND SALLON CHINOIS.

30 Pieds

Großer chinesischer Salon

41

Sallon des Bains

20 pieds

Badesalon

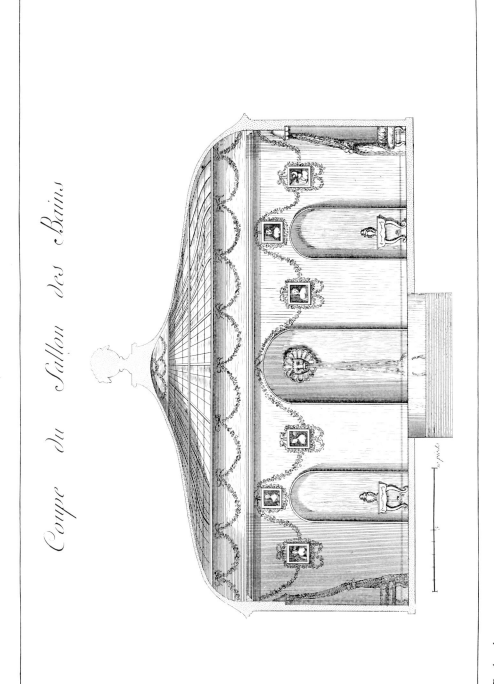

Coupe du Sallon des Bains

Schnitt des Badesalons

VUE DE LA MONTAGNE D'ARION.

Ansicht des Arionsberges

44

Vue de L'Arion du côté des Bains.

Ansicht des Arion von der Bäderseite

Chute d'Eau du Rocher d'Arion

Wasserfall des Arionsfelsens

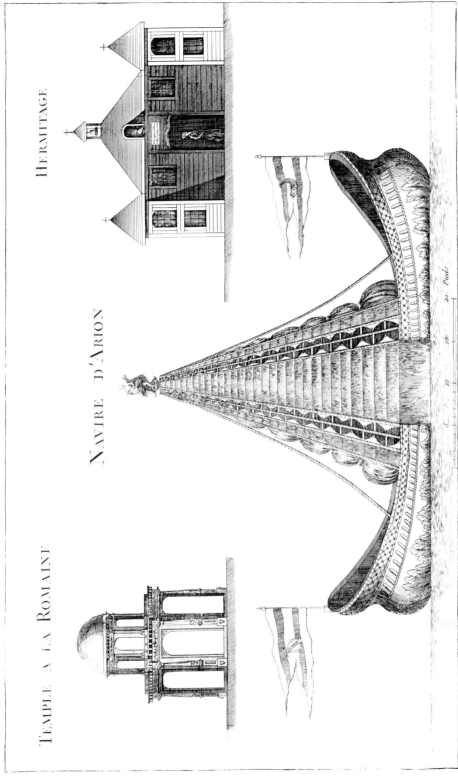

HERMITAGE.

NAVIRE D'ARION

TEMPLE A LA ROMAINE

Links: Tempel im romanischen Stil. – Mitte: Arionsschiff. – Rechts: Eremitage

Vue de la Montagne d'Arion sur une des Tours du Chateau.

Ansicht vom Arionsberg auf einen der Schloßtürme

Vue de la Montagne d'Arion sur L'Illustre Chapitre de Borghorst.

Blick vom Arionsberg auf das adelige Stift Borghorst

Coupe de la Glaciere.

La Glaciere.

10 Pieds

Links: der Eiskeller. – Rechts: Schnitt des Eiskellers

MILIEU.

MOITIÉ DE LA GRANDE COLONADE
du Jardin Anglais

18 pieds

Hälfte des Großen Säulenganges des englischen Gartens

Pont de Rochers.

Felsenbrücke

41.
XIX.

Portique des Ravines Phosphoriques.

Bogen der phosphoreszierenden Wurzeln

53

Vue du Tonneau de Diogène.

Ansicht der Tonne des Diogenes

Maison Gothique du Fontainier.

Reservoir

Gotisches Haus des Brunnenmeisters

Vue de la Grande Roue et du Reservoir.

Ansicht des Großen Rades und des Behälters

PROFIL.

GRANDE ROUE HYDROLIQUE
de 102. Pieds de haut

Links: Großes Wasserrad mit einer Höhe von 102 Fuß. – Rechts: Profil

Belveder Egyptien.

5 10   20   30   40 *Pieds.*

Ägyptischer Aussichtsturm

XXIᵉ. CAHIER DES JARDINS ANGLO-CHINOIS de LEROUGE Ingénieur Géographe du Roi, rue des Grands AUGUSTINS Premiere Livraison en 6.Feuilles Prix 3ᴸ

VÛE DU JARDIN ANGLAIS SUR LA VILLE DE STEINFORT.

21. Heft der englisch-chinesischen Gärten von Lerouge, Königl. Ingenieur-Geograph, Rue des Grands Augustins – Erste Lieferung in 6 Blättern. – Blick vom englischen Garten auf die Stadt Steinfurt

VUE DE LA CUISINE EN FORME DE HAMEAU
à Steinfort

Ansicht der Küche in Form eines Landgasthofes

VÛE DU GRAND JET PRES DE 100. PIEDS DE HAUT
et 14 pouces de groſſeur
à Steinfort. en Weſtphalie

Ansicht des mehr als 100 Fuß hohen und 14 Zoll dicken Wasserstrahles

Vüe de la Grande Cascade Sauvage
à Steinfort.

Ansicht des großen Wildwasserfalls

Vue d'une partie du Lac en face du Belveder-Egyptien à Steinfort.

Ansicht des Seeteiles gegenüber dem ägyptischen Aussichtsturm

63

Vue des Isles et Ponts Champêtres à Steinfort.

Ansicht der Inseln und ländlichen Brücken

Alte Beschreibungen

Die vielfältigen Besonderheiten des Parks haben eine Reihe von Autoren veranlaßt, ihre Eindrücke von Besuchen im Park niederzuschreiben und zum Teil auch zu veröffentlichen. Der frühere fürstliche und städtische Archivar Karl Döhmann hat diese Äußerungen in seiner in den Jahren 1907/09 erschienenen Schrift „Das Bagno" zusammen mit einer Geschichte des Bagno veröffentlicht. Da hiervon nur noch sehr wenig Exemplare vorhanden sind, hat die Tochter Döhmanns, Frau Hildegard Koch-Döhmann, einer Neuveröffentlichung des Textes zugestimmt. Dafür sei ihr Dank gesagt.

Verzichtet wurde dabei jedoch auf die von Döhmann selbst beigesteuerte „Geschichte des Bagno". Diese Abhandlung wurde auf der Grundlage des damals noch weitgehend ungeordneten Fürstlichen Archivs erarbeitet. In den letzten Jahren ist das Archiv jedoch durch Dr. Bruns vom Westfälischen Archivamt, Münster, neu geordnet worden. Auf dieser breiteren Kenntnis der Quellen beruhen denn auch neue Forschungen zur Geschichte des Bagno, deren Publikation wohl in nicht sehr ferner Zukunft zu erwarten ist.

Dem Neuabdruck hinzugefügt wurde dagegen die 1903 von Karl Döhmann in seinen Burgsteinfurter Führer aufgenommene Beschreibung des Bagno. Die bei Döhmann in französischer Sprache abgedruckten Briefe des Grafen werden hier in deutscher Übersetzung gebracht, die Julia Dickopp, Lingen, besorgte.

Graf Ludwig an die Gräfin Bentinck 1787

An Ihre Exzellenz Frau Gräfin von Bentinck, geb. Gräfin von Aldenburg in Hamburg.[1]

Bagno, den 13. August 1787

Madame,
ich bin glücklich, die geringste Gelegenheit zu ergreifen, Sie an die in meiner Seele „schlummernde" Idee zu erinnern: ich habe die Ehre, Ihnen beiliegend die Stiche des Bagno vorzustellen, eines Landstrichs, von dessen Feuer mein Vater Ihnen oft erzählt hat und für das er in der Tat einen schönen Grund legte, indem er 4 Pavillons, ein Küche und einen Speisesalon und verschiedene Alleen und Fischteiche gebaut hat.

Nachdem ich beobachtet hatte, daß in einem unfruchtbaren Land wie Westfalen das Bagno in seiner mittelmäßigen Herkunft in allem was sich Schönheit des Gartenbaus nennt, schon so einige Freunde anzog, habe ich seit 7 Jahren täglich manchmal bis zu 100 Arbeiter eingestellt, um mich schließlich der Befriedigung zu erfreuen, auf diese Weise meinem kleinen Volk eine fruchtbare Quelle eines gesicherten Gewinns zu verschaffen, daß (nämlich) der Andrang der Fremden täglich wachse. Meine Reisen und besonders jene nach England und Frankreich haben mich erkennen lassen, in welch Maße die Perfektion der Gartenbaukunst heute schon vorgedrungen ist, und ich überlasse es Ihnen, hochverehrte Gräfin, deren vollkommener Geschmack meine Lobeshymnen noch übersteigt, zu beurteilen, inwieweit ich einen einfachen, dicht belaubten Eichenwald von größter Eintönigkeit habe umwandeln können.

Während meiner letzten Reise nach Paris hatte ich das Vergnügen (wie Kapitän Le Brun) die Bekanntschaft des Monsieur Le Rouge, Ingenieur-Geograph des Königs, zu machen, dessen entschiedenes Talent mir schon durch sein bezauberndes Werk (anglo-chinesischer Garten) schon bekannt war, ein Werk, das vor mehr als 12 Jahren begonnen und unter den Händen der größten Herrscher Europas ausgeweitet worden war. Ich gestehe, daß meine ganze Absicht darin bestand, in diesem so großartigen Werk einen Platz für meine Schöpfung zu erhalten und schließlich bringt mir eine enge Verbindung mit dem freundschaftlichen Autor und meine außergewöhnlichen Erfindung dieses hydraulischen Rades von 102 Fuß dargestellt auf Seite 46[2], das nirgendwo seines gleichen findet, diesen Vorteil ein. Aber ich sollte mit meinem Wortschwall aufhören, um Sie zu bitten etc.

Ihr demütiger und gehorchender Diener
Ludwig regierender Graf von B.-St.

Beschreibung von Bagno zu Steinfurt
in Westphalen 1791

Die Gartenanlagen[3] von Bagno haben schon einen wichtigen Vortheil der Lage, indem sie in einem großen Walde alter, ehrwürdiger Eichen liegen; sie contrastiren durch ihre abwechselnden glänzenden Scenen sehr lebhaft gegen das unbebauete Westphalen, wie Perlen in der Wüste; ein reizender Lustort, zu welchem täglich in der schönen Jahreszeit Fremde aus allen Gegenden hinströmen und mit ihnen ebenso viele Bewunderer.

Gegen Norden liegt die Stadt Steinfurt, mit ihren öffentlichen Gebäuden, auf einer Insel, welche der Fluß Aa bildet. Das Herrschaftliche Schloß stellt die alte ehrwürdige Wohnung der berühmten Vorfahren des regierenden Hauses seit sehr entfernten Jahrhunderten dar.

Der Fluß, der seinen Lauf von Süd-West nimmt, verbreitet eine reizende Aussicht, sowohl in angenehme Fernen, die sich endlich aus dem Auge verschwindend durch eine amphitheatralische Höhe von Bäumen begränzen; als auch über blumenreiche Wiesen und eine Holländische Bleiche, wo eine große Menge täglich beschäftigt ist, die feinste Leinwand zuzubereiten, und dadurch ein wahres lebendes Gemälde darbietet. Die Comthurey des Maltheser Ordens mit ihren Gärten, einen Teil der Vorstädte und die Große Kirche von Gothischer Bauart werden fast von den Wellen des Flusses bespült, auf welchem hie und da einige Fahrzeuge schwimmen.

Indem man aus dem Schlosse geht, um sich nach dem Bagno zu begeben, kommt man über eine Zugbrücke in den Französischen Garten, der mit einem grünen Theater, einer schö-

Der Eingang zum Bagno

Die Grenadier-Wache

nen Orangerie und mit Arkaden geziert ist. Ein reizender Quincunx führt über eine Chinesische Brücke grade nach dem Fruchtgarten der Durchl. Fürstin[4], wo sich die große Allee darstellt, umgeben von einem Park, der von wilden Pferden, von Hirschen und Kühen belebt wird.

Der Eingang in Bagno wird durch eine Grenadierwache geschützt und Schildwachen hie und da an verschiedenen Stellen vertheilt, sind blos bestimmt, um durch dieses weitläuftige und schöne Gehölz eine völlige Sicherheit zu verschaffen.

Das erste Gebäude ist das Wachhaus in Form eines ländlichen Wirtschafthauses, mit allen dazu gehörigen Verzierungen. Jeder Fremde findet darin einen Führer, der vor ihm die Wasser springen läßt, ihn zu allen Seiten des Gartens leitet, ihm alles erklärt; auch hat man da das Vergnügen, sich mit allen Arten von Erfrischungen bedient zu sehen. Von da zeigt sich ein großes viereckiges Wasserstück, das völlig von ebenderselben Figur einen im Französischen Geschmack abgetheilten Platz bildet. Darauf befinden sich in vier Aussichten Pavillons nach Jonischer Ordnung, für das Gefolge des Herrn bestimmt; die Laubgänge der Diana, ein ländliches Spiel, sechs grüne Cabinette, eine Menagerie von fremden Thieren und ein Vogelhaus. Ein schlängelnder Bach, der gleichsam die Insel der Menagerie bildet, überliefert nach vielen Krümmungen sein Wasser an die Holländische Cascade. Auf der nördlichen Seite dieses viereckigen Platzes befindet sich der Eingang in die doppelten Bogengänge, die seitwärts an der Bildsäule der Diana weg zu der unter einem Römischen Tempel verborgenen Quelle führen, wo das schönste Wasser hervorspringt. Bildsäulen alter Helden zieren diesen achteckigen Platz.

Kehrt man darauf durch die andere Seite des Bogenganges zurück, so verliert sich ganz die Scene des Französischen Gartens. Man kommt über eine Chinesische Brücke, unter welcher ein Bach hinschleicht, der sich bald erweitert, bald wieder verengt. Man erblickt zur Linken in der Öffnung des Waldes eine schöne springende Fontaine, und indem man zur Rechten den Lauf des Baches verfolgt, der sanft durch einen beblümten Rasen hinspielt,

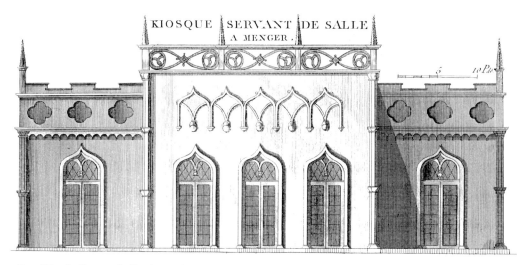

Der Kiosk diente als Speisesaal

so wird das Auge von einer Moschee mit ihren Thürmen überrascht, die ein treues Bild der Türkischen Bauart darbietet.

Kaum hat man diesen schlängelnden Bach verlassen, so stellt sich ein großer Speisesaal in Form eines Kiosks dar; dessen Gothische Bauart uns an die Zeiten erinnert, wo der brave Deutsche die Adler des unbezwinglichen Römers zerbrach. Auch die Geschichte dieses unerschütterlichen Hermanns, dessen Tapferkeit durch die Niederlage des Varus das Vaterland rettete, erscheint an der Decke dieses Nationalgebäudes.

Von da führt ein wellenfömiger Weg in den großen Zugang zu dem Hauptplatz, wo sich die Gallerie von Jonischer Ordnung befindet, die zu Concerten und Bällen bestimmt ist. Zwey Grotten, ganz im Französischen Geschmack, bilden indessen durch Korallen und Muschelwerk eine Art von antiker Mosaik, wovon die Farben sich mit dem Alter erhöhen.

Diesem schönen Gebäude gegenüber erscheint, in einer angemessenen Entfernung, die große perspektivische Aussicht von eben dieser Jonischen Säulenordnung, worin die bey Festen angestellten Erleuchtungen über den ganzen Platz eine bewundernswürdige Wirkung verbreiten.

Der Chinesische Palast, der fast im Gesicht von dem großen Zugange liegt, macht einen ganz reizenden Prospekt, und giebt dem Besitzer, der darin seine Wohnung hat, den Anblick aller Vorübergehenden und Reisenden, die hierdurch ihren Weg nach vielen Dörfern des Bisthums Münster und der Hauptstadt nehmen. Die abwechselnden Verzierungen aller Zimmer sind in einem sehr ausgesuchten Geschmack, und die Gemälde stellen die schönsten Monumente und die herrlichsten Aussichten von China nach dem neuen Abriß dar, die der berühmte Johann Neuhof uns von dieser Nation giebt. Chinesische Laternen zieren den halbrunden Platz des Zuganges, nebst einem Wasserstück, bereichert mit Goldfischen und mit einer Fontaine, die stark ihr kleines Gewässer emporsteigen läßt, das unter den einfallenden Strahlen der Sonne vergoldet und verschönert wieder herabplätschert. Alles dieses zusammen bildet einen so reizenden Schauplatz, daß das unersättliche Auge des Fremden, der davon überrascht ward, ihn ungerne verläßt.

Nachdem man sich mit der Schönheit dieser Gebäude unterhalten hat, so leiten zwey verschiedene Wege hinter der Gallerie in einen Theil des großen Gehölzes, der mit unzähligen Abwechselungen verziert ist. Die Maurische Hütte, der Griechische Tempel, der drey Eingänge in das Lustgebüsche, die schöne Statue des Liebesgottes mit einer sinnreichen Inschrift, und die Roseninsel, der Venus geweiht; alles dies erscheint sehr angenehm auf der einen Seite, indessen auf der andern gewundene Wege nach einer Art von Labyrinth führen, wo verschiedene mechanische Spiele jeden einladen, die zu wählen, die bey seiner Nation beliebt sind.

Verläßt man diese Europäischen Ergötzungen, so stellt sich wieder ein anderer unterhaltender Gegenstand dem Auge dar. Dies ist der Chinesische Platz, umgeben von einer Gallerie mit vielen Chinesern, alle in der Beschäftigung, ihren Kaiser zu bedienen und zu belustigen, der mit seinen Damen und zahlreichem Hof einem öffentlichen Feste beyzuwohnen scheint; mit aller Wahrheit des Ausdrucks hat die Kunst diese auffallenden Figuren hingezaubert. In der Mitte dieses Platzes erhebt sich ein Chinesischer Salon von Gitterwerk, an allen Seiten offen und bestimmt, um die süßen Augenblicke genießen zu lassen, wenn das schwache Leuchten des schwindenden Tages sich mit dem Schatten eines schönen Abends mischt. Von hier bringt ein romantischer Weg mit verschiedenen Wendungen nach dem Badesaal, der in einer abgesonderten Lage eine reizende Architectur zeigt. Das schwache Licht, das allein durch die Kuppel in dieses nur in seinen stillen Reiz sich verbergende Gebäude fällt und die Nymphen der Cythere beleuchtet, die im lebhaftesten Pastel gemalt sind, läßt hier nichts empfinden, als Einsamkeit und Ruhe.

Geht man von diesem Bade weg, so sieht man einen kleinen Flußsteig mit dicken schattigten Gebüsche sich versperren um den Spazierenden mitten im Fortgange aufzuhalten, und plötzlich wieder seitwärts in einen neuen Weg auslaufen, wo sich auf einmal der Berg des Arion in seiner ganzen Pracht erhebt. Man bewundert hier in einer angenehmen Ferne das schöne Schiff, das gleichsam aus den Wolken seine Wellen herabfallen läßt, womit es endlich ganz umgeben ist. Von da stürzt eben dieser Wasserfall, wie ein wilder Strom durch tausend Öffnungen mitten durch den Felsen, der den ganzen Berg einfaßt, und bildet endlich kleine Wasserstücke, die sich wieder mit verschiedenen Cascaden über den ganzen Gipfel des Berges nähert, entdeckt das Auge nach und nach die Lage des Schiffs, bis es endlich

Ansicht des chinesischen Platzes und Salons

von diesem prächtigen Werk ganz geblendet wird, das nach den Regeln des Griechischen Kostums mit den lebhaftesten Farben geziert ist, nicht gemalt, sondern mit den seltensten und glänzendsten Producten besetzt, die das deutschte Mineralreich nur für eine so zauberische Erfindung liefern konnte. In der That die Geschichte des Arion, die uns Ovid in seinen Gedichten so rührend beschreibt, ist in dem interessanten Moment dargestellt, als der mitleidige Delphin, zum Triumph der Harmonie, seinen Günstling auf den Gipfel der Ehre versetzt, indem er die schändlichen mörderischen Schiffsgefährten des göttlichen Arion in den Wellen ersäuft.

Hat man diese romantische Scene bewundert, die noch durch angenehme und abwechselnde Aussichten von der Höhe verschönert wird, so steigt man auf einer im Felsen angebrachten Treppe in verschiedenen Wendungen zum Fuß des Berges herab, wo sich wieder zwey Wege darbieten. Zur Rechten erscheint ein gekrümmter Fußsteig, der in das dunkle Laubgewölbe eines alten majestätischen Waldes führt, das selbst den Strahlen der Sonne undurchdringlich ist. Bei der sanften Stille, die in diesen anmuthsvollen Revieren herrscht, erblickt man nichts als einen kaum erleuchteten Eiskeller; darauf verengt sich der Weg bey jedem Schritte, und man kömmt endlich zu einer abgesonderten Einsiedeley, wo ein ehrwürdiger Greis (statuenmäßig gearbeitet) seine Dienste anbietet, indem er durch einen geheimen Mechanismus die Thüre öffnet und hinter sich zuschließt.

Zur Linken verbreitet ein schöner See von großem Umfange, bald erweitert, bald verengt, eine fast unermeßliche edle Perspective, die in einem lachenden Thale sich endlich amphitheatralisch verliert. Reizende Inseln, die reichste Zierde der Gewässer, lassen fernhin in den Wellen die wechselnden Wiederscheine von verschiedenen geschmackvollen und seltenen Gebäuden spielen, von Gewölben der Felsen, von Ruinen und von geheimnisvollen Grotten, bey welchen Cascaden ihr schäumendes Wasser rauschen lassen. Der prächtige Schwan mit seinem versilberten Gefieder, die farbigten Wimpel auf den Fahrzeugen verschiedener Nationen, endlich der Hafen mit seinem Zubehör von Segeln, von Masten und Rudern, alles dieß belebt ungemein diese Wasserscenen.

Ansicht der Tonne des Diogenes

Der Englische Garten, der diesen malerischen See umgiebt, ahmt mit seinen Thälern, Abhängen und Hügeln die Natur in ihrer schönen Unregelmäßigkeit nach. Die dichten Gruppen von Bäumen, die aus verschiedenen Himmelsstrichen hierher gesammelt, sich gleichsam zu verwundern scheinen, so nahe neben einander zu wachsen, die vielen ländlichen Gebäude, die Heerden von Schaafen, endlich in einer angenehmen Entfernung die prächtige Colonnade, machen zusammen ein Ganzes von einer seltenen Schönheit aus.

Verläßt man diese reizende Gärten, so kommt man zu einer kühnen Brücke, die von einem Felsen zum andern hinübergeworfen ist, durch die Höhle, wodurch die Landstraße des Geholzes ihren ordentlichen Lauf nimmt. Man steigt auf dieser Brücke durch mannigfaltige Stufen hinauf und wieder hinunter zu einer beblümten und mit ausländischen Sträuchern gezierten Wiese. Ein wellenförmiger, sich sanft dahin schlängender Fußsteig führt, durch eine romantische Halle von phosphorischen Wurzeln erbaut, in eine Vertiefung, wo im Gebüsch ein Bach, der durch verschiedene vereinigte Wassergüsse sein sanftes Gemurmel fortsetzt, uns einladet, seine erquickenden Wellen zu besuchen. Hier sieht man den Diogenes, wie er in seiner einfachen mit Moos bewachsenen Tonne, den Lauf dieses herumirrenden Gewässers betrachtend, seinen Gram unterbricht, seinen Schmerz einschläfert und den Vorübergehenden zuzurufen scheint: „Wo ist der fühllose Unglückliche, der von diesem Wasser nicht den Eindruck auf sein Herz empfunden hat?" Indem man so von einem Umweg zum andern an den Ufern dieses Bachs herumgeleitet wird, so senkt sich das gekrümmte Thal immer tiefer hin, und eröffnet endlich in einem freyen Gefilde auf einmal ein edles und prächtiges Gemälde. Aus einem lieblichen und klaren Bassin, umgeben von den Höhen des Berges, erhebt sich ein dicker Wasserstrahl, der kühn sich in die Wolken zu ergießen strebt. Sein zurückstürzendes Wasser schäumet und springt und lärmet in Wellen auf Wellen, läßt das lebhafte Geräusch schon fern durch die Gebüsche ertönen. Von dieser silbernen Wassersäule weg führt ein breiter Fußsteig, der sich allmälich schmälert, aus dieser Vertiefung auf eine Anhöhe, wo andre Gegenstände durch ihre Form das Auge an sich ziehen. Die Felder und ihre unzählichen Schattierungen bieten ihren einfachen und einnehmenden Reiz dar. Die Westphälische Meyerey, ihre Scheuern und ländliche Hütten, die Siebe, die Schwingen, die Pflüge, die Eggen, mit allen übrigen Werkzeugen des Feldbaues, kündigen von der einen Seite eine angenehme Aussicht an, indessen daß auf der andern die Gothische Wohnung des Brunnenmeisters mit seiner Menagerie in einer schönen Lage erscheint. Hier schwingt sich der Pfau, stolz auf seine Farben, die er aus dem Regenbogen entlehnt zu haben scheint, auf die höchsten Bäume, und diese Freyheit verschönert selbst sein reizendes Gefieder durch den natürlichen Glanz, den sonst jeder Vogel in der Gefangenschaft zu verlieren pflegt.

Auf einer kleinen Anhöhe erheben sich acht Egyptische Pyramiden, die auf ihrer Spitze zwey große Wasserbehältnisse tragen, und eine Aussicht eröffnen, worin man auf vierzig Kirchthürme von verschiedenen Städten und Dörfern der umliegenden Gegenden entdeckt. In dem Hintergrunde dieses schönes Gemäldes erinnern uns die lachenden Ufer des Flusses Aa, der sich in einem reich geschmückten Rasen dahinwälzt, daß es sein Wasser ist, das, indem es unter einer gewölbten Chinesischen Brücke durchgeht, hier ein großes kunstreiches Rad treibt. Dieses, ein Meisterstück der Wasserbaukunst, hebt ungeachtet seines majestätischen Ganges, doch sehr schnell einen Theil des Flusses in diese in der Luft schwebenden Behältnisse hinauf, die sich auf den Pyramiden befinden.

Zu den französischen Originalbeschreibungen, woraus bis hieher diese freye Übersetzung mitgetheilt ist, hat Le Rouge zu Paris in seinem bekannten Werke (XVIII & XIX Cahier des Jardins anglais contenant ceux du Bagno à Steinfort en Westphalie &c par Le Rouge, Ingnieur-Gographe du Roi. Paris 1787.) außer einem Generalplan, die Durchschnitte und Aufrisse der vornehmsten Gebäude geliefert, welche die Gartenanlagen von Bagno verschönern. Obgleich die Kupferstiche weit unter den Zeichnungen geblieben,[5] so erkennt

Die Bagno-Küche um 1910

doch das Auge des Kenners bald aus ihnen die mannigfaltigen Schönheiten dieser Gebäude und der damit verbundenen Anlagen. Unter den Gebäuden, mit den ihnen zugeordneten Scenen zeichnen sich vorzüglich durch ihre Form, Architectur und Lage aus: Das Wachhaus, die Menagerie der fremden Thiere mit dem Vogelhaus, die Moschee mit ihren Thürmen, der große Speisesaal in Gestalt eines Kiosk, der Chinesische Palast, die Jonische Gallerie, zu Concerten und Bällen bestimmt, die Pavillons in Dorischer Ordnung, die perspectivische Jonische Anordnung der Platzes festlicher Erleuchtungen mit den benachbarten Gebäuden und Zelten, die große und prächtige Colonade in dem Englischen Garten, das Gothische Haus der Brunnenmeister. Alle diese verschiedenen Arten von Gebäuden sind in der ihnen angemessenen richtigen Architectur ausgeführt, und machen im Ganzen eine Sammlung aus, worin nicht blos ein großer Reichtum von Erfindungen, sondern auch ein edler Geschmack, zuweilen mit schicklicher Pracht verbunden, hervorleuchtet. Selbst die von den übrigen Wohnungen und Gebäuden abgesonderte Küche ist in einem eigenen auffallenden und täuschenden Stil angelegt. Ein solches Gebäude hat, wegen der darin vorgehenden Beschäftigungen, in der Nähe immer etwas Widriges und Ekelhaftes. Man hat daher schon bey manchen Landsitzen, die blos zum Sommeraufenthalt dienen, die Küche in einer gewissen Entfernung in einem Dickigt oder wenig zugänglichen Gebüsch zu verstecken gesucht. Allein es fehlt noch, auch dem Gebäude selbst ein Ansehen zu geben, das seine Bestimmung verbirgt und es zugleich mit den übrigen Werken der Gartenarchitectur in eine angenehme Harmonie setzt. Die Küche im Park zu Bagno scheint die erste glückliche Erfindung dieser Art zu seyn. Sie ist ganz von ungekünstelter ländlicher Bauart, und stellt ein Bauernhaus in der besondern gefälligen Form der Dorfhütten in der Schweiz, vornämlich im Kanton Bern, vor. Man sieht sie daher selbst mit Vergnügen, wenn man sich ihr von ohngefähr auf seinen Spaziergängen nähert.

74

Einige reiche, zusammengesetze Gegenden von Bagno von einem sehr einnehmenden, heitern und lebhaften Charakter sind jetzt nur noch in Zeichnungen vorhanden, als die Ansichten der Inseln und der ländlichen Brücken, ein Theil des Sees, die große wilde Cascade mit den angränzenden Gebäuden, und der Prospect aus dem Englischen Garten auf die Stadt Steinfurt. Und da diese schöne Schöpfung noch immer mit Erweiterungen fortschreitet, so darf auch der Gartenfreund auf die Abbildungen der neuen Scenen hoffen.

Einige Parthien, im ältern Geschmack, als den Eintritt in Bagno, den französischen Garten, das große Berceau, die drey Eingänge in das Bosquet – wollte der erlauchte Besitzer nicht blos als Werke aus der Zeit seines verewigten und zärtlich geliebten Vaters mit Ehrfurcht verschonend erhalten, sondern er durfte es hier auch, weil diese Spaziergänge zugleich einen öffentlichen Volksgarten darbieten, dem die Regelmäßigkeit nicht versagt werden kann. Nach einer nicht minder edelmüthigen Beziehung muß hier auch die Vereinigung der mancherley fremden und nach Zeiten und Nationen entfernten Gebäude und Scenen betrachtet werden, da der geschmackvolle Anleger, auch wenn er sich nicht auf vorhandene Beyspiele dieser Art in andern berühmten Englischen Gärten berufen könnte, doch auch zugleich ein zu schafsichtiger Richter ist, um nicht Selbst die Gründe der feinern Kritik dagegen geltend zu machen. Allein hier verdrängt der Menschenfreund den Kunstrichter. Er wollte durch den häufigen Besuch der Fremden, deren Zahl schon jeden Sommer weit in die Tausende, geht, seinen Unterthanen einen reichlichen Gewinn zuziehen; er wollte die vielen Zuschauer, die fast noch gar keinen Begriff von allen Scenen, Abwechslungen und Zauberkünsten der neuern Gartenkunst haben, überraschen und anhalten. Es war demnach nothwendig, die Neugierde zu spannen, und Kontraste zu bilden. Vor dem herrlichsten Gebäude im Griechischen Stil geht man vorüber, weil man es hie und da schon in Städten gesehen. Allein ein Kiosk, ein Chinesisches Haus, eine Moschee sind Gegenstände, wovon die Wenigsten kaum etwas gelesen haben, und einer schreibt und lockt den andern an, sich das Vergnügen des Anblicks zu gewähren. Selbst Bewohner aus den entlegensten Provinzen Hollands kommen, sehen und gehen zufrieden zurück; indem sie in ihrem Lande nichts als einschläfernde Kostbarkeit und ew'ge Wiederholung antrafen. Denn die sogenannten neuen Anlagen in Holland sind wohl nach Englischem Geschmack; allein Waldung und lebendiges Wasser mangelt ihnen allen, und nur einige wenige, worunter die des Herrn von Winter bey Amsterdam sich auszeignet, verdienen genannt zu werden.[6]

Bagno ist demnach nicht nur ein reiches und glänzendes Werk der neuen Gartenkunst, sondern auch zugleich ein Denkmal der gastfreyen Menschenfreundschaft, die gerne um sich her die Ergötzungen der Natur und die Unterhaltungen des feinern Geschmacks genießen läßt; es ist der Wohnsitz von zwey der edelsten Seelen, die mit einer Harmonie, die nur höhern Wesen eigen ist, Freude nicht nur in den Hütten ihres Volks zu schaffen, sondern auch das Mitgefühl davon noch weit über die Gränzen ihres Gebiets hinaus zu verbreiten wetteifern.

Über den Reichs-Graeflich Bentheimschen Park Bagno bey Steinfurth vier Meilen von Münster in Westphalen

Nach der Beschreibung des berühmten Herrn Professors Hirschfeld
in seiner neusten Garten Bibliothek[7]
Steinfurth 1792.

> …So wahr ist es, daß die
> schöne Natur nur edle Seelen
> erwärmt.　　Hirschfeld.[8]

Die Garten Anlagen des Parks zu Bagno haben schon einen wichtigen Vortheil der Lage, indem sie in einem großen Wald alter ehrwürdiger Eichen liegen; Sie contrastiren durch ihre abwechselnde glänzende Scenen sehr lebhaft gegen dieß dunkele Gebüsch, und bilden einen reizenden Lustort, welcher in der schönen Jahrs Zeit von vielen Fremden aus allen Gegenden gesehen und bewundert wird.

Viele derselben äußerten oft das Verlangen Beschreibungen und Zeichnungen vom Bagno mit zunehmen, um auch abwesend die Freuden der Zurückerinnerung desto lebhafter geniesen zu können. Zur Befriedigung dieses guten fühlenden Menschen, so angemessenen Wunsches, kam(en) schon 1789[9] zu Paris in denen Jardins Anglo-Chinois 3 Bände mit 61 Kupfer Tafeln nebst einer kurzen Beschreibung vom Bagno heraus; da aber seit der Zeit die Scenen dieses Gartens sich beträchtlich verändert haben und ihrer Vollkommenheit mehr entgegen reifen auch jene Kupferstiche eine neue Auflage erforderten, da sie meist alle vergriffen: So kommen jetzt in Cassel von den geschickten Händen des Hof Kupferstechers Weise die interessantesten Gegenstände des Bagnos, zu einem weit geringern Preiß auf das neue heraus.[10] Diese wenige Blätter aber nach der Beschreibung des durch seine Garten Theorie (dem einzigen Werk seiner Art) sich so vielen Ruhm erworbenen Herrn Professor Hirschfeld, sollen dazu dienen über dieses glänzende Werk der neuen Garten-Kunst einiges Licht zu verbreiten.

Der Park schon in früheren Zeiten Bagno genant, liegt eine viertel Stunde von der Stadt Steinfurt, wo eine doppelte Allee, von Kastanien, Linden und Büchen, wechselsweise beschattet, anmuthig hinführet.

Auf der rechten Seite ist ein reizender Quincunx und ein Thiergarten mit unterschiedener Gattung von Hirschen, auf der andern Seite aber bilden die herrschaftlichen Treibhäuser und die Obst Gärten der Durchlau(ch)tigen Fürstin, die sich nach einer großen von Pferden und Kühen belebten Weide verlieren, einen angenehmen und Frucht bringenden Schauplatz.

Der Eingang in Bagno wird durch eine Grenadier-Wache beschützt, und Schildwachten hie und da an verschiedenen Stellen vertheilt, geben diesem weitläufigen und schönen Gehölz eine völlige Sicherheit.

Das erste Gebäude ist die Wohnung einer (!) der Aufseher des Gartens, in der Form eines ländlichen Wirtschafts Hauses, geschmackvoll erbauet. Der Fremde findet darin einen Führer, der ihn zu jeder Scene des Gartens leitet, alles erkläret und die vielfältigen rei-

VUE DE LA CUISINE EN FORME DE HAMEAU
à Steinfort

Ansicht der Küche in Form eines Landgasthofes

zende Wasserkünste für ihn anläst, auch hat man das Vergnügen sich mit allen Arten von Erfrischungen hier bedienet zu sehen.

Von da zeigt sich ein mit Wasser umschlänglender Platz, worauf sich in vier unterschiedenen Aussichten Pavillons, für das Gefolge des Herrn bestimmt, in Dorischer Ordnung erheben. Auf der nördlichen Seite dieses Platzes befindet sich der Eingang in die doppelte Bogen-Gänge, die seitwärts an der Bildseule der Diana weg zu einer Quelle führen, von dessen schönen Wasser ein Bach entspringt.[11]

Kehret man darauf durch die andere Seite dieses Bogengangs zurück, so erblickt man durch eine Oefnung des Waldes eine sich hoch erhebende Fontaine. Indem man nun den Lauf des Baches, der bald erweitert, bald wieder verengert sich endlich ganz in die See verlieret, immer verfolgt, wird das Auge auf der einen Seite des Baches von einem Türkischen Wohnhaus zur Bewunderung üperascht.

Hat man diesen schlängel(n)den Bach verlassen, so[12] stellt sich doch wieder in einem andern Gesichtspunct, ein großer Speise Saal in Form eines Kiosks, nach Gotischer Bauart dar, dessen innere Ausziehrung die Geschichte des unerschüterlichen Herman, in halb erhabner Bildhauer Arbeit vorstellen, wie er durch die Niederlage des Varus sein Vatterland rettet und auf immer von den Römischen Fesseln befreite. Von da führet ein wellenförmiger Weeg in den Zugang zu dem Haupt Platz, wo sich eine zu Concerten und Bällen bestimte große Gallerie von Jonischer Ordnu(n)g glänzend darstelt, in welcher nebst andern architectonischen Verzirungen auf Gips Marmor, zwey Grotten von den lebhaftesten Corallen und Muschelen sich vortheilhaft auszeichnen.

Diesem schönen Gebäude gegen über erscheint, in einer angemessenen Entfernung eine perspectivische Aussicht von eben gedachter Jonischen Ordnung zu Erleuchtungen Festlicher Tage gewitmet.

Das Chinesische Sommer Hauß, die Wohnung der Erlauchten Herrschaft, liegt diesem Hauptplatz und der Gallerie zur Seite, seine äusere Bauart gewährt einen ganz neuen reitzenden Prospect, die innern abwechselnden Verzierungen der Zimmer, sind in wahrem Geschmack der Chinesen, nach den treuen Reisen Anmerkungen des berühmten J. Neuhof dargestelt. Zwey schöne Chinesische Gezelte, ein nicht weniger angenehmes Vogelhaus dieser Bauart, zieren, und viele Chinesische Santernen erleuchten diesen halbrunden Plaz, der weiter hinauf mit einem Wasserstük von Gold- und Silber-Fischen belebt und mit einer Fontaine bereichert ist.

Ein Chinesischer Gauckler läßt ihr klares Gewässer empfor (!) steigen, welches unter den einfallenden Strahlen der Sonne verguldet, wieder verschönert, herab plätschert. Alles dies zusammen bildet einen so reitzenden Schauplatz, daß das unersätliche Auge des Fremden, der davon überrascht wird, ungern verläßt.

Seitwärts in dem Gebüsch, an einer Allee, dessen Ende das Auge kaum zuerreichen vermag, die dem Wanderer den Weg zu vielen Dörfern des Bisthums Münster und zu der Haupt Stadt selbst zeigt, ist die herrschaftliche[13] Küche in einem ganz eigenen auffallenden und täuschenden Stiel erbauet. Ein solches Gebäude hat wegen der darin vorzunehmenden Beschäftigungen immer etwas wiedriges und eckelhaftes, es kam denn darauf an, demselben ein Ansehen zu geben das seine Bestimmung verbirgt und es zugleich mit den übrigen Werken der Garten Architectur in eine angenehme Harmonie zu setzen.

Die Küche im Park zu Bagno, scheinet den erhabenen Verfasser der Garten Bibliothek, die erste glückliche Erfindung dieser Art zu seyn. Sie ist ganz von unbekünstelter ländlicher Bauart, und stellet ein Bauern Haus in der besonders gefälligen Form der Dorf Hütten in der Schweiz, vornehmlich im Karton Bern vor.

Ansicht des Arionsberges

Wenn man sich nun mit den Schönheiten dieser manigfaltigen Gebäude und Gegenstände unterhalten, so leiten zwey Wege hinter der Gallerie in einen Theil des großen Gehölzes, in welchem der Maurischen Hütte vorbey, zur Aufbewahrung Musicalischer Instrumente gewidmet, man auf einen geraumen Platz kommt[14], wo alle Arten mechanischer Spiele vorhanden sind, die jeden geselschaftlich einladen, das zu wählen, welches bey seiner Nation beliebt ist. Von diesen Europeischen Ergötzungen, führet der schlänglende Weg, bey der schönen Statue des Liebes Gotts mit seiner äußerst sinnreichen und so treffenden Inschrift[15] vorbey nach einer offenen Gegend, in deren Mitte, von einer Gallerie mit vielen Chinesen umgeben, sich ein groser Sallon der Bauart dieser Nation vollkommen angemessen, mit reizender Pracht in den glänzensten Farben darstelt. Er ist an allen Seiten offen um das Auge an den reizenden und belebenden Aussichten die es hier geniest, ungehindert weiden zu können. Besonders reitzend ist die Aussicht auf einen Theil der großen See, wenn das schwache leuchten des schwindenten Tages sich mit dem Schatten eines schönen Abends mischt.

Von hier führet ein gewundner einsamer Weg zu dem Sitz einer ehrwürdigen bejahrten Buche vorbei[16], deren Inschrift

> Sans Religion, Quel motif d'obeir plutot
> a la Raison qu' ses Passions?

die hohe Bestimmung des in Jonischer Ordnung vor uns stehenden schönen Gebäude(s) endeckt. Ein oval runder Dohm ziert diesen der Gottes Verehrung gewidmeten Tempel[17], und dessen gewölbte Fenster erleuchten das inwendige, das durch seine erhabende Simplicität und Schönheit den wahren Character trägt, den Werke dieser Art fodern. Die von außen herum bey dieser Kirche, in Vertiefungen angebrachte geistliche Tropheen erhöhen ihr reitzendes Ansehen, und vermehren den Eindruck ihres Zwecks. Von den Religiosen Empfindungen begleitet, den dieser der Gottheit mit so vieler Anmuth geweihete Schauplaz gewährt, siehet man einen Pfad mit dickem Gebüsch sich versperrend, um den Spazierenden mitten im Fortgang aufzuhalten und ihn plötzlich wieder seitwärts in einen neuen

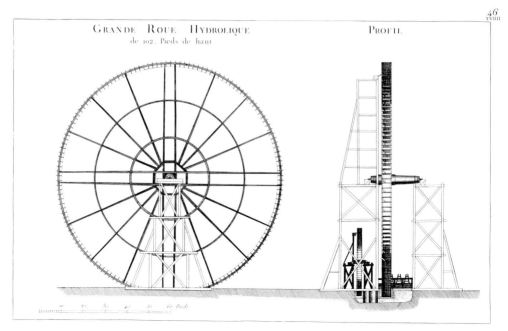

Links: Großes Wasserrad mit einer Höhe von 102 Fuß. — Rechts: Profil

Weg zu bringen, wo sich auf einmahl die Höhen des Arions (besonders bey den Strahlen der Morgen Sonne) in ihrer ganzen Pracht darstellen. Man bewundert hier in einer angenehmen Ferne, den obern Theil des schönen Schiffes, das von dem Gipfel des Mastbaums, gleichsam aus den Wolken seine Wellen herabfallen läst, womit es endlich ganz umgeben ist.

Von da stürzt eben dieses Wasser aus vielen Öffnungen des Felsens, und bildet kleine Wasser Stücke, welche sich diesem herlichen Gegenstand nähert, endeckt das Auge nach und nach die Lage des ganzen Schiffes, das nach den Regeln des Griechischen Kostüms (nicht gemahlt) sondern anstatt dessen mit glänzenden Produckten des Mineral Reichs nach ihren lebhaften Farben besetzt ist.

Die Geschichte des Arions, die uns Ovid in seinen Gedichten, so rührend beschreibt, ist in dem interessanten moment dargestellt, wo der mitleidige Delphin zum Triumpf der Harmonie seinen Günstling auf den Gipfel der Ehre versetzt, indem er die schändlichen mörderische Schiefs Gefährten des unsterblichen Arion in den Fluten ersäuft.

Hat man diese romantische Scenen bewundert, die noch mit angenehmen Aussichten durch ausgehaue Waldöffnungen von der Höhe verschönert wird, so steigt man auf einer in dem Abhang angebrachte(n) Treppe zu dem Fuß des Hügels herab.[18] Hier führt ein Weg nach dem Wasser zu einer ganz ländlich von abgeschälten Baum Aesten als Hörner aufgethürmten Brücke, die über einen Arm der See gehet. Auf dieser wie auch auf der Höhe der eben verlassenen Insel Arion, genießt das Auge den erheiterten Anblick eines großen Theils vom schönen See, der bald erweitert bald verengert, eine fast unermeßliche edele Perspective darstellt, die in einem lachenden Thal sich allmählich versenket. Reitzende Inseln, die reichste Zierde der Gewässer, lassen fernhin in den Wellen die wechselnde Wiederscheine von verschiedenen geschmackvollen und seltenen Gebäuden spielen, von Tempeln, geheimnißvollen Höhlen und Felsen, bey welchen Cascaden ihr schäumendes Wasser rauschen lassen.

Der prächtige Schwan mit seinem versilberten Gefieder, eine Menge Wasservögel, die far-bigten Wimpfel auf den verschiedenen Schiffen und Fähren, alles dieß belebt diese Wasser Scene ungemein und bildet aus ihr die heiterste und anmutigste Gegend die der Fremde, nicht ohne Sehnsucht, nach längerem Genuß, zu verlassen vermag.

Noch lächlen dem Auge von beiden Ufern zwey anmuthige Hügel mit ihren reitzenden Tempel zu, wie auch die Rosen-Insel, der Cythere geweiht, die von Hügeln mit dichten Buschwerk beschattet ist, zur Ruhe und zu den Freuden der Einsamkeit einladet. Hiervon ganz entfernt bald auf der Mitte der See, scheinet eine Insel zuschwimmen, worauf eine Fischerhütte mit Stroh und Schilf gedeckt, einfach und dürftig erbauet ist. Nichts weider scheinet ihre kunstlose Rohigkeit die drausen aufgehangene Netze zuversprechen, und eine Treppe mit einem Gelender von abgescheltem Holz führt zu ihr hinauf. Aber der Ein-tritt gewährt gleich den angenehmsten Contrast, da alle zur Fischerey erfoderliche Geräth-schaften auf das schönste und lebhafte dargestelt sind. Der Fusboden ist das untere Theil eines zierlichen Kahns, und die Decke ein zum Fischfang eingerichtes, herunterhangen-des Netz.

Der Tisch ist ein hölzener Fischbehälter und die Stühle sind kleine Kübels, ja nichts fehlet hier die angenehmste Täuschung zu gewähren. Diese ganze Fischerhütte stehet auf dem natürlichen Gewölbe einer wilden Höhle wodurch man mit kleinen Fahrzeugen bequem schiffen kan.

Auf einer andern noch entferntern weit größern Insel führet ein sich übereinander schläng-lender Blumenreicher Pfad zwischen dickem Gebüsche zu dem Gipfel eines Berges, mit Nadelhölzer bekränzet. Die Aussicht auf den größten Teil der See, des Parks, eines unge-heuren Waldes und Meilenweite Gebürge, ist hir bezaubernd. Höhlen Grotten, unterirdi-sche Gänge, ein sehr tiefer Eiskeller, mechanische Werke durch Wind und Wasser getrie-ben, das alles geben dieser Insel ein großes Interesse und Mannigfaltigkeit dessen Reitz noch von einer herabfallenden wilden hohen Cascade vermehrt wird, unter welcher ein unterirdischer Gang befindlich ist, der den Durchgehenden das Rauschen des herabstür-zenden Wassers über seinem Haupt hören, aber nicht sehen läst. Noch weiter, aber wieder auf dem festen Lande erblickt man eine grose Colonade, die schon zum Theil von der alles zerstörenden Zeit, zertrümmert ist.

Verläßt man nun diese romantische Gegend, diese mahlerische Wasserscene, die Bewe-gung, Leben und Kühlung dahin rauschet, so führet ein mit Rasen, duftenden Stauten und Blumen umkränzter Weg nach den an der See auf einem lieblichen Hügel erbauten Säulen Tempel, worinnen mit Enzükung sich diese reizende Anssicht mit der des Thiergartens ver-bindet, und zuletzt in den Anhöhen über der Vorstadt Steinfurt die ausgebreitet darauf sich amphitheatralisch verliert. Der in wohlrichenden Kräutern und Blumen sich immer fort-windende Weg führet auf eine kleine angenehme Wiese mit ausländischen Bäumen und Gewächsen geschmückt, hierauf wird der Pfad almählich enger und verlieret sich in ein schattenreiches Lustwäldgen von schlanken und schöner jungen Bäumen, welcher im her-absteigen zu dem Aa Fluß führt, dessen sanfte Wellen unter einer gewölbten Gothischen Brücke dahin schleiche. Auf der Höhe dieser Brücke zeigt sich in voller Majestätischer Pracht das 102 Rheinländische Schu hohe Schöpfrad dessen unglaubliche Größe man ver-gebens in der ganzen Welt aufsuchen wird.

Dieses Meisterstück der Wasser-Baukunst wird ungeachtet seiner ungeheuren Schwere von einem, kaum durch Ausstauung bemerklichen kleinen Fluß in dreiviertel Minuten ganz herum getrieben, und hebt mit vieler Schnelligkeit einen Theil des Flusses in unzähli-gen metallenen Kasten die zwischen den Schaufeln angebracht sind, bis zum Gipfel dessel-ben, wo diese sich in schönster Regelmäsigkeit hintereinander in einen Behälter ausleer-en, der durch viele Röhren das schäumende Wasser zu seiner Bestimmung führt. Sehr viel gehörte dazu diß Staunen erregende und so viel leistende Kunstrad zu Stande zu bringen. – Unübersteigliche Schwierichkeiten in der Structur selbst, und irre geführte zu Processen verleitete Nachbarn schienen sich zuvereinigen um die Vollendung dieses grosen Unternehmens zu hindern. Alles wurde besiegt und die Inschrift auf der Gothischen Brücke sagt dem Wanderer:

> Ueberwundene Schwürichkeiten er-
> höhen den Reitz des frohen Genusses.

Nicht minder schöngewählt ist die französische Inschrift auf der andern Seite des Gothischen Geländers,

> Ah! connoissez le prix du temps
> Tandis que l'onde s'ecoule,
> Que la Roue obeit a ses audacieux mouvements
> De vos beaux jours le faseau roule.
> Jouissez, jouissez, ne perdez pas d'instans.[18a)]

Bei dem heruntersteigen dieser Brücke schlängelt sich ein anmutiger Weg durch eine, mit dem Aa Fluß umgebenen Wiese, ländlichen Festen gewiedmet, nach der Schleusen-Brücke hin, wo man unter dem weiten Umfang dieses grosen Rades bequem hergehet und dasselbe berühren kann. Eine sinreiche erfundene äußerst simple Bohrmühle stehet zwischen diesem und der sehenswürdigen Egyptischen Maschine, mit welcher bey sehr trockner Zeit, wenn die Quelle des kleinen Aa Flusses ihm Reichthum versagen, das Wasser durch Pferde zu dieser erstaunenden Höhe herauf getrieben wird.

Den Weg mehr herauf stehet das grose 202 Schu hohe Belvedere, ein Thurm welcher von vielen Egyptischen mit Stuffen abgesetzten Piramiden getragen wird, und in seiner ganzen Breite auf der halben Höhe einen grosen und tiefen Wasserbehälter in sich fast in welchen durch das grose Kunstrad und der Egyptischen Maschine das Wasser aus dem Fluß gehoben, da aufbewahrt und wieder durch unzählige Röhren in viele, selbst entlegene Theile des Gartens geleitet wird. Auf dem Gipfel dieses Thurms genießt man, ohngeachtet der niederichen Waldgegend einen unbeschreiblich grosen Anblick, der zur Bewunderung und Anbetung der Allmacht des Schöpfers uns entgegenführet, eine ganz erhebliche Aussicht weit in das Bischofthum Münster und Osnabrück, in die Grafschaften Bentheim, Tecklenburg und Steinfurt, wie auch in die Gefilde von Holland. Etwa 70 verschiedene Thürme, eine Menge Windmühlen, zwey Churfürstliche Schlösser, die Residenzstadt Münster, mehrere andere Städte, Dörfer und unzählige isolirte Bauernhäuser, stellen sich dem Auge dar. Der Horizont verlieret sich hie und da in das Unermeßliche, und wird nur durch einige Wälder und Berge die weit in die Ferne hindämmern, begräntzt. Ein kostbares und fürtrefliches Rhamdemsches Sehrohr, dienet hier dem Liebhaber die entfernteste Gegenstände mit möglichster Deutlichkeit ganz nahe vor sich zubringen.

An dem Fuß dieses von seltner Bauart aufgeführten merkwürdigen Thurms, liegt das im Gothischen Stiel erbaute Haus des dritten Aufsehers vom Bagno dem zugleich die Wasserkünste anvertrauet sind. In schicklicher Entferung ist ein würkliches Bauernhaus, von Land Leuten bewohnet, die Kornfelder mit ihren unzähligen Schattirungen, die Scheuren und ländliche Hütten, die Siebe, die Schwingen, die Pflüge, die Eggen mit allen übrigen Werkzeugen des Feldbaues, bieten auf der einen Seite ihren einfachen Reitz in Niedrigkeit dar, indessen auf der andern, jene seltene Werke der Baukunst als Majestätische Zeugen, des menschlichen Erfindungs-Geistes hervortreten. Hier schwingt sich auch der Pfau als ein wilder Vogel stolz auf seine Farben, die er aus dem Regenbogen entlehnet zu haben scheinet, auf die höchsten Bäume, und diese Freiheit verschönert selbst sein reizendes Gefieder, durch den natürlichen Glanz den sonst jeder Vogel in seiner Gefangenschaft zu verlieren pflegt.

Vue de la Grande Cascade Sauvage à Steinfort.

Ansicht des großen Wildwasserfalls

Verläßt man nun diese dem Kenner so äußerst interessante Scenen, so führet ein sich immer mehr senkender Pfad zu einem wilden aus Baumästen mit durchwachsenen Steinen entstandenen Garten Sitz, in ein felsichtes Thal welches verschiedene Hügel mit ausgewachsenen Steinen einschliesen. Eine geräumige Grotte in einer Felsenwand, verschaft dem Wanderer auch bey der brennensten Sonnen Hitze, durch ihre angenehme Kühle, die belebenste Erfrischung, und ihre Bewohner gebildet, als ein Fischer der Insel Island, dessen Heimath dieß romantische Revier nach zubilden trachtet, trägt sein Netz von einem der Hügel zu der Tiefe herab. In der Mitte dieses engen Thals, siehet man den krümmenden Bach in ein kleines mit Steinen verborgenes rauhes Becken sich ergießen.

So wenig bemerkenswürdiges diese von der Natur gleichsam verlassene Gegend zu haben scheinet; mit desto mehrerem Staunen wird die ganze Seele erschüttert wenn man so ganz unerwartet aus einer kleinen Steinmasse jenes Wasserbeckens auf einmahl eine ungeheure Wasser-Säule schäumend, gleichsam in Schnee verwandelt, zum Himmel hinnauf steigen siehet. Bey trübem Wetter scheint sie sich in den Wolken zu verlieren, und der Punkt ihres Gipfels entweicht dem Blicke des Zuschauers, der das, so lange in die Höhe gerichtete Haupt, durch Anstrengung ermüdet sinken läst. Selbst bey der grösten Stille erregt dieser fünfviertel Rheinländische Schu dicker Wasserstrahl, dessen Umfang durch grades herunterfallen noch mehr als verdoppelt wird, und in Absicht der Dicke die berühmten Wasser Künste zu St. Cloud zu Hernhausen und Weisenstein übertrift, ein solches Brausen, daß die zarten Äste der herumstehenden Bäume, wie von einem Sturmwind getroffen zu seyn scheinen.

Von dieser silbernen Wassersäule weg führet ein wellenförmiger sich sanft dahin schlängelnder Fußsteig im dicksten Gebüsch den Bach hinauf, der durch verschiedene niedriche Wassergüsse sein sanftes Gemurmel fortsetzt, uns einladet seine erquickende Wellen zu besuchen, um auf die der Einsamkeit geweiheten prunklose und doch geschmackvolle Sitze zu verweilen. Hier siehet man den Diogenes wie er in seiner einfachen mit Moos bewachsenen halb verfaulten Tonne, den Lauf des herunterirrenden Gewässers betrachtet, unter den Vorübergehenden Menschen sucht und ihnen zuzurufen scheinet: „Wo ist der fühlose Unglückliche der in seinem Herzen den erquikenden Eindruck dieses belebenden Elements nie fühlet?" Indem man so von einem Umweg zum andern an den Ufern dieses Baches herum geleitet wird, führt eine niedrige mit Moos durchwachsene, auf drey Ausgänge weisende Knüppelbrücke in einen erweiterten Platz, wo man auf einmahl eine große mit Bäumen und Sträuchern bewachsene hohe Felsenwand erblickt.

Ein brausender Wassersturz schäumet derselben Majestätisch herunter, und verliehrt sich zuletzt in einen Staubregen der Befruchtung und Kühle verbreitet. Diesen herrlichen Anblick näher zu genießen, der den Kenner an die zauberhafte Natur einiger beglückten Helvetischen Gegenden erinnert, findet sich seitwärts eine anmutige Strohhütte, welche den Nahmen des Wasserhauses trägt da aus derselben der Bach seine Entstehung nimt, und seinen kleinen Wasserguß hinplätschert. Aus der Spitze des Daches dieser Hütte gehet eine schlanke Büche vom herrlichsten Wuchs heraus, die das Gebäude kühlend beschattet.

Inwendig ist ein geschmackvolles Zimmer, wo der von außen beschriebene Baum als ein Palmbaum täuschend vorgestellet ist, verschiedene mechanische Kunstwerke, ein kleiner gewählter Bücher Vorath, und die manigfaltige unterschiedene Aussichten aus den drey Fenster geben dieser Bewohnung ein reiches Interesse.

Durch eine Halle phosphorischer Wurzeln führet ein schlängelnder Fußsteig aus dieser romantischen Vertiefung, zu einer von Felsenstücken kühn erbauten Treppe, auf welcher eine reizende Aussicht ist, und durch deren Höhle die große Straße nach dem Gehölz, ihren Lauf nimmt. Ein gerader von Tannen beschatteter Weg führt wieder zu dem reizenden Schauplatz der See zurück.

Die Heiterkeit des überglänsten Wassers wird von dem jenseitigen grünen Rasen erhöht, und eine grose Chynesische Fähre, die man durch einen mechanischen Haspel bequem aufwindet, bringt über die ganze Breite der See uns dahin. Beym Aussteigen führt ein durch Rasen an ehrwürdigen Bäumen sich hinwindender Pfad zu einer Anhöhe die ein reizender Tempel ziehrt, in welchem die merkwürdigen und manigfaltigen Aussichten die man auf der Höhe des großen Thurms genossen hat, an der Decke dieses Gebäudes nach der Natur abgemahlt sind.

Ein schmaler einsamer gekrümter Fußsteig, der in das dunkle Laubgewölbe eines alten majestätischen Waldes führt, das selbst den Strahlen der Sonne undurchdringlich ist, bringt uns zu einer abgesonderten Einsideley, wo ein ehrwürdiger Greiß, (Statüenmäßig gearbeitet) seine Dienste anbietet indem er durch einen geheimen Mechanismus die Thüre öfnet und hinter sich wieder verschließt. Hat man seine dürftige Wohnung besehen, und von dem guten Alten Abschied genommen, so führet ein schlänglichter Weg, zu einer offnen Laubhütte, aus deren Wänden man aufeinmal von allen Seiten kann Wasser spritzen lassen, um die Spazierende zu benetzen. Endlich führt der Weg wieder in das Freye bey einem Schweizerhause vorbey, nach einem der Eingänge dieses grosen Gartens zurück.

Der Park zu Bagno, worinnen der Geist der Abwechselung durch alle Anlagen verbreitet wird, ist demnach nicht blos ein reiches und glänzendes Werk der neuen Gartenkunst des guten Geschmacks und einer unermüdeten Thätigkeit, wie der unsterbliche Professor Hirschfeld, in seiner neusten Garten Bibliothek sagt, sondern auch zugleich ein Merkmahl der gastfreien Menschenfreundschaft, die gerne um sich her die Ergötzungen der Natur mit möglichster Freiheit die nicht in Zügelosigkeit ausartet geniesen läst. Ein jeder scheinet hier Besitzer dieses Volks Gartens zu seyn, er geniesset gleichsam alles wie der Erlauchte Beherscher selbst, der seine Freude in der Belustigung (!) anderer findet, Der besonders Fremden, die hierin noch ein ausgedehnteres Vorecht haben, den freien ohnentgeldlichen Gebrauch von Wagen und Pferden, von Promenaden, Gartensitzen, Schiffarthen, Wasserkünsten, Concerten auch anderer kleinen Musicken und alles dergleichen, huldreichst verstattet.

Vorzüglich aber zeignen sich die Sontage vom Monath Juny bis Mitte des Septembers aus, an welchen Tagen nicht blos ein öffentliches Concert in der großen Gallerie, von einem in der musicalischen Welt mit Recht gepriesenen Orgester aufgeführt wird, sondern auch wenn die Witterung es nicht ganz verbietet, alle kleine und grose Cascaden und Fontainen in stolzer Pracht ihr Wasser dahin rauschen lassen. Wodurch denn öfters alle Gänge dieses Volks-Gartens mit einer zahllosen Menge Menschen angefüllt sind, die aus dem ganzen ein wahres lebendes Gemählde bilden und über dasselbe einen Reiz und Fröhlichkeit verbreiten, den die gewöhnliche Tage der Woche, nur selten gewähren können.

Zum Schlus dieser Beschreibung, schützt auch der berühmte Verfasser der Garten Theorie die Anlage des Parks zu Bagno gegen unreife Critic, und vorsetzlicher Tadelsucht, wenn er selbst das, was fehlerhaft scheinen könte, aufdeckt, und mit nachfolgenden Worten beurtheilet. „Einige Parthien (sagt er) im ältern Geschmack".[19]

Wie weit aber ein solches ermüdendes Einerley, es sey auch mit noch so viel Pracht umstrahlt, von dem gereinigten Geschmack der schönen Garten-Kunst, die nur die entzükkende Natur als Führerin kent, entfernt ist; wird niemand der für Schönheit warmes Gefühl hat, bezweiflen können. Und Beurtheilungen solcher Menschen, denen die Freuden dieser Empfindungen nie anlächelten, sind der Garten-Muse nur ein wiedriges Opfer.

K. J. Gruner:
Steinfurt und das Bagno im Jahre 1799

Das[20] ganze Steinfurtsche Territorium besteht aus der Stadt und einigen Dörfern, und doch gehören letztere, zufolge eines zwischen dem gräflichen Hause und dem Hochstift Münster 1716 getroffenen Vergleichs, nicht einmal unter die Landeshoheit des Grafen. Diese erstreckt sich nur auf die Stadt, das Schloß und Kirchspiel Steinfurt; in den Dörfern hat der Graf nur die unterrichterliche Instanz, Münster die obere.

Das Städtchen Burg-Steinfurt liegt an der Aa, hat einen Magistrat und die Rechte einer Municipalstadt, worauf die Einwohner sich etwas gute thun, und fest darauf halten, auch oft deshalb mit dem Grafen im Streite liegen. Gegenwärtig sollen mehrere Prozesse dieser Art bei den Reichsgerichten anhängig sein. Man klagt sehr über Anmaßungen der gräflichen Reigierung und über deren nachlässige, fehlerhafte Verwaltung der Justiz, die bei dem beschränkten Gerichtsbezirke doch so leicht zu administriren wäre. – Die Stadt hat in ihrem Äußern durchaus nichts Interessantes; sowohl das Gebäude der hier befindlichen Johanniter-Komthurei als das gräfliche Schloß und das (ehemals sehr stark besuchte) Gymnasium sind nicht sehenswerth. Burg-Steinfurt hat ganz das Äußere einer Landstadt, und ist es trotz der hier befindlichen Residenz auch seinem Wesen nach. Die im Durchschnitt sehr wohlhabenden Einwohner leben größtentheils von der Feldwirtschaft; vorzüglich sind ein sehr starker Kartoffelbau und Branntweinbrennereinen ihre Nahrungszweige.

Die Unterthanen der Grafschaft leben ebenfalls vom Feldbau und der Bearbeitung des Flachses und Hanfes. Der Boden ist ziemlich ergiebig, aber ihr Wohlstand sehr mittelmäßig. Sie sind sämmtlich Leibeigene; doch soll die Herzensgüte des regierenden Grafen ihnen dieses natürliche harte Los möglichst erleichtern. Er entscheidet zwar in dergleichen Fällen selbst; – sein Justiz- und Regierungs-Kollegium besteht indes aus einem Hofrichter und ein Paar Räthen, unter denen Herr Nagel sich als ein sehr gescheiter Kopf auszeichnet. Diese Beamten, ein Bauinspektor, der zugleich Lieutenant der Leibwache ist, und ein Hofprediger, machen nebst einigen Hofdamen, den größten Teil des Hofstaates aus. Dieser wird dem der Miniaturhöfe ungewohnten Reisenden, freilich manches satyrische Lächeln abzwingen, indem die meisten Personen mehrere Chargen bekleiden und an einem Tage vielleicht in drei Charakteren auftreten.[21]

Wer indeß die kleinen Höfe im südlichen Deutschland gesehen hat – wer das aus der Erziehungsrichtung entstandene Bedürfnis äußeren Glanzes psychologisch zu beurtheilen, und auch die bessere Seite dieser kleinlichen Größe-Verhältnis der Ausgaben zur Einnahme – psychologisch zu würdigen weiß – der wird den möglichen sich hier darbietenden ironischen Stoff gern unbenutzt lassen, um die an diesem Hofe sich darbietenden geselligen Freuden mit dankbarem Herzen aufzunehmen;[22] und ich gestehe gern, daß ich in dieser Hinsicht Burg-Steinfurt für den interessantesten Ort Westphalens halte.

Der Bagno. Eins der vorzüglichsten Mittel, die hiesige Geselligkeit zu befördern, die Annehmlichkeiten der Natur, Kunst und Gesellschaft zu vereinen, bietet der Sommeraufenthalt der gräflichen Familie vor der Stadt, der Bango, der seinen Namen von einem ehemals hier befindlichen Badehause führt, dar. In der That giebt er den reichlichsten Stoff zu mannichfacher Unterhaltung. Er besteht aus einem weiten dichten Walde, den der Graf durch Aushauen gangbarer Wege, Anlegung einzelner Gebäude und Parthieen u. s. w. zu einem Park oder sogenannten englischen Garten hat einrichten lassen und noch immer zu verschönern fortfährt. Er selbst wohnt mit seiner Familie während des Sommers hier in einem großen chinesischen Hause und hat auch den meisten Personen seines Hofstaats hier allmälig kleinere Wohnungen in einzelnen Parthieen anlegen lassen. Die dadurch entstandene Hauptparthie gewährt, vorzüglich weil eine schöne (abends erleuchtete) Allee zum gräflichen Wohnhause führt einen sehr überraschenden, angenehmen Eindruck. Dieser bleibt überhaupt das Totalgefühl nach der Besichtigung des ganzen Bango, der bei all seinen Kunstmängeln in diesen sandigen Haiden einer Feenwelt gleich kommt, und in ganz Westphalen seines Gleichen nicht aufweiset.

Sollte indes eine geläuterte ästhetische Kritik ein unparteiisches Urteil über den Kunstwert der ganzen Anlage fällen, so dürfte dies freilich nicht sehr günstig ausfallen, und man kann sich nie verhehlen, daß eine Menge in die Augen fallender Fehler dabei begangen sind. Überladung und Mißverhältnis sind die vorzüglichsten derselben. Denn, mag man es natürlich finden, in dem Umkreise einer Viertelstunde chinesische Häuser, Eremitagen, Felsen, Windmühlen, einen egyptischen Saal, Fontainen, eine Kirche, ein großes Wasserrad, Tempel und endlich ein Schiff auf einem Berge zu finden? − Und diese Überladung hätte wenigstens etwas mehr vermieden werden können, wenn der ganze bedeutende Wald zum Schauplatze dieser Kunstwerke gemacht und nicht alles auf einen zu kleinen Punkt hingedrängt wäre. Dadurch würde man denn auch dem wirklich lächerlichen Mißverhältnis haben entgehen können, worin Anlagen, wie die einer Windmühle neben einem Berge, der kleiner ist als jene, stehen. In der That, ich habe es nicht begreifen können, wie der geschmack- und einsichtsvolle Schöpfer des Bango, der Hirschfelds Theorie etc. gelesen, mit deren Verfasser korrespondiert und seine sehr richtige Urteilskraft hat, diese widrigen Kontraste übersehen konnte. − Abgesehen von diesen, findet man aber wieder an den einzelnen Parthieen eine Menge glücklicher, mit Kunst und Geschmack ausgeführter Ideen. Dahin gehört vorzüglich die in einem sehr edlen, einfachen Stil erbaute kleine Hofkirche; ein Felsen, aus dem ein Quell entspringt; ein chinesischer Saal, der (manche jetzt bereits veraltete Verzierungen abgerechnet) wirklich schöne und große Konzertsaal u. A. Nur das gräfliche Wohnhaus (dem Äußern nach ein chinesisches Gebäude) hat gar kein Verdienst und wird deswegen auch bald einem neuen weichen, zu dem ich den trefflichen Riß von dem Lieutenant und Bauinspektor Hoffmann,[23)] einem erst seit einem Jahre hier angestellten geschickten und ideenreichen Kopfe, gesehen habe.

Der Bagno steht Einheimischen und Fremden zu jeder Tageszeit offen; nur die einzelnen Gebäude müssen aufgeschlossen werden, was aber auf die erste Meldung geschieht. Überhaupt ist die zuvorkommende gastfreundschaftliche Artigkeit hier überraschend. In Sommerszeiten werden wöchentlich zweimal Konzerte im Bagno gehalten, zu denen alle Einheimische und Auswärtige freien Zutritt haben, Fremde aber, die sich bei dem Grafen melden lassen, ausdrücklich eingeladen werden.[24)] Die musikalischen Aufführungen der gräflichen Kapelle haben Verdienst; besonders zeichnet sich der Violinist Kiesewetter aus, der im Allegro gewiß wenige seines Gleichen hat. Der Graf selbst bläst die Flöte mit viel Geschmack und Fertigkeit. Aber der Gesang der ältesten Comtesse ist die Zierde des Ganzen. − Die geselligen Zusammenkünfte dauern Mittwochs bis 8 Uhr; Sonntags wird Abendtafel gegeben, zu der die qualifizirten Fremden stets eingeladen werden. Es geht bei dem Ganzen, ein sehr pünktliches äußeres Hofetikette abgerechnet, liberal und angenehm zu. Jene Gène trifft eigentlich blos den Grafen, selbst, und seine sittliche zuvorkommende Herzensgüte hebt allen etwaigen Zwang derselben glücklich wieder auf.

Überhaupt ist unstreitig, bei den vielfachen äußeren Reizen des Bango und seiner Vergnügen, keine Bekanntschaft hier für Geist und Herz zugleich anziehender, als die gräfliche Familie.

Wer das Ganze derselben näher kennt − wer in ihrem häuslichen Kreise Umgang hatte − redet mit Entzükken davon; von der schönen Harmonie, Eintracht, Liebe und gegenseitigen allgemeinen Gefälligkeiten, welche unter den Gliedern desselben herrschen. Und die, welche diese gräfliche Personen nur im Hofzirkel sahen, nur ihre zuvorkommende Artigkeit rühmen können, würden sie bewundern müssen im Innern ihres Hauses. Hier fällt jeder Zwang der Etikette weg, und der Mann, der dort den regierenden Herrn nicht verläugnen zu dürfen glaubt, ist hier ein zwangloser Mensch, ein gefälliger Gatte, ein zärtlicher Vater, ein sorgsamer Hausherr. – In der That trägt jedes Glied dieses schönen Kreises zur Vollendung desselben bei.

Der regierende Graf ist ein Mann von vielem Verstande und der reinsten Herzensgüte. Seine Unterhaltungen sind sehr angenehm. Bei einer außerordentlichen natürlichen Lebhaftigkeit und Ideenreichthum hat er sich durch weite Reisen mancherlei Kenntnisse, vorzüglich in Hinsicht der schönen Künste erworben, und weiß diese aus seinem getreuen Gedächtnis mit vieler Darstellungsgabe vorzutragen. Sein Lieblingsgegenstand ist die Gartentheorie und Baukunst, mit deren praktischer Anwendung er sich unablässig im Bango beschäftigt, und dieser ist das Steckenpferd, auf dem Er selbst und Andere mit Vergnügen lustreiten. – Bei einer vorzüglich bei Hoffesten nicht zu verkennenden Teinture französischen Etikettes und einer daher entstehenden auffallenden Kleidung ist sein Benehmen gegen jedermann ohne die geringste Prätension.[25] Selbst an den steifsten Ceremonetagen kann er seine Herzensgüte, vorzüglich gegen seine Kinder, nicht unter das Joch der Ceremonie zurückdrängen. In der Mitte seiner Familie aber läßt er der Natur seines gütevollen Wesens freien Lauf, und auch die Seinigen hängen mit inniger Liebe an ihm.

Seine Gemahlin, eine geborene Prinzessin von Holstein-Glücksburg, ist eine sehr würdige Dame. Eine unermüdete Sorgfalt und Gefälligkeit für ihren Gatten, eine zärtliche Mutter, eine stets thätige Hausfrau, die sich um jedes Detail der Haushaltung mit weiser Aufmerksamkeit kümmert, ist sie zugleich ebenso zuvorkommend und gastfrei. – Kein Fremder hat sie verlassen ohne mit wahrer Achtung für sie erfüllt zu sein. An Biederkeit, Häuslichkeit und Güte mögen wenige deutsche Frauen dieser edlen Prinzessin gleichen.

Die Kinder dieses gräflichen Paares haben die Vorzüge ihrer Eltern geerbt und mehr oder minder die Tugenden des Einen oder der Andern. Der Erbgraf ein achtzehnjähriger Jüngling ist bieder, offen und vielversprechend, so wie seine jüngeren Brüder ähnliche Charaktere entwickeln.

Aber oben an unter allen steht, die mein Herz nur deswegen zuletzt nennt, weil es ihm ein stiller Genuß war, den Leser allmälich darauf hinzuführen, und weil ja auch nach alter Kunstpolitik das Beste immer zuletzt kommen soll, die älteste Tochter des Hauses, Gräfin Henriette.[26]

Die Alten hatten kein Bild für die Vereinigung der Liebenswürdigkeit der Venus Urania, der Bescheidenheit Minervas, und Junos Würde, weil sie eine solche Umfassung nicht kannten. Hier könnte ein Dichter den Stoff dazu finden. Die Natur hat der Gräfin Henriette keine überstrahlende Schönheit, aber alle den Zauber stiller Anmut und Liebenswürdigkeit verliehen, der so unnachahmlich fesselt. Sie ist im höchsten Sinne des Wortes – reizend. Ihr Gesang ist unnachahmlich, ich erinnere mich nie einen ausdrucksvolleren, hinreißenderen gehört zu haben, nie habe ich nur ein lautes Atemholen der Zuhörer während desselben vernommen.

Der Houthsche Garten in Steinfurt

Wer einen redenden Beleg sehen will, was echtes Kunstgefühl und Ideenreichtum vermag, um einen auch noch so beschränkten und von der Natur gänzlich verlassenen Fleck zu einem kleinen Paradiese umzuschaffen – der erwerbe sich in Steinfurt den Anblick des Houtschen Gartens.[27] Ein seltenes Meisterwerk des Geschmacks und Gefühls! Ein kleines Elysium in einem Bezirk von höchstens einigen hundert Schritten, den der Schöpfer desselben auf eine selten glückliche Weise zu benutzen gewußt hat. Der Garten ist von drei Seiten mit Mauern eingeschlossen, die aber möglichst versteckt sind; nur von der vierten grenzt er an eine Wiese, die ein Bach durchschneidet und an einen Teil des Bagno stößt. Diese Nachbarschaft ist es, welche dem Garten eigentlich sein besseres Dasein verschafft hat und auf tausendfache Weise angenehm genutzt ist. Ein kleiner Bach, von dorther abgeleitet, durchfließt in unendlichen Krümmungen den kleine Garten und gewährt eine Menge überraschender Wasserparthien, bis er in einem mit Goldfischen besetzten Seebassin sich füllt. Das Bosket, zu dem der Garten eingerichtet ist, bietet auf wenige Schritte stets Abwechselungen, die durch ihre Ueberraschung und Neuheit äußerst anziehend sind; es giebt keinen Punkt, der nicht irgend eine besondere Schönheit aufzeigte. Da das Terrain so eingeschlossen war, hat der Besitzer die einzige Aussicht nach der Wiese auf eine kaum begreifliche Art zu vervielfachen und in verschiedenen Nuancen anzubringen gewußt. Wo die Krümmungen des Boskets keine Ansichten erlaubten, da sind diese durch Aushauen der Bäume hervorgebracht, welche in der That eine ganz außerordentliche Wirkung thun und Prospekte in eine unendlich erscheinende Ferne eröffnen.

Diese Mannichfaltigkeiten und das künstliche Verschlingen der Gänge bringen in dem Gemüthe des Sehenden eine so täuschende Wirkung hervor, daß man sich in dem größten englischen Garten zu befinden glaubt und auch wirklich einen Weg mehrere Male passieren kann, ohne es zu bemerken, weil er so viele verschiedene Ansichten und interessante Punkte enthält, die man erst allmählich entdeckt. Dabei findet durchaus keine Überladung statt. Überall herrscht reine nachgebildete Natur, die höchste Einfachheit des Geschmacks. In dem Ganzen weht der Geist eines sehr zarten richtigen Gefühls. Von zwei an verschiedenen Seiten gelegenen Gartenzimmern bietet das eine eine artige Sammlung von Naturalien jeder Art, einigen Kupferstichen, Gemälden usw., das andere aber einen sehr geschmackvollen Sommeraufenthalt dar, der schon durch seine innere Einrichtung, noch mehr aber durch seine Ansicht des Äußeren gefällt. Die Aussicht aus dem Fenster desselben ist für mich der anziehendste Teil dieses interessanten Gartens gewesen. Über die mittleren reizenden Parthien desselben blickt man zwischen den gelichteten Bäumen hindurch über die Wiesen hinaus in den Wald des Bango und wie durch einen optischen Betrug in eine unendliche Ferne hinein. Die Überraschung ist unbeschreiblich. Ich glaubte in die unermeßliche Ewigkeit zu schauen. Ahnungs- und sehnsuchtsvolle Gefühle ergriffen mich! O, in diesem Zimmer, an diesem Fenster mußte der Gedanke an das Jenseits zum geselligen Vertrauten, zum erhebenden Gefährten werden. Hier muß man ein guter Mensch sein!

Von dem Schöpfer dieser Anlagen, dem Dr. med. Houth, einem etwa 35 jährigen Manne,[28] bedarf ich diese Versicherung wohl nicht zu geben. Er wohnt in Steinfurt, wo er Eigenthümer einer Apotheke und in seiner Praxis als ein ebenso menschenfreundlicher wie geschickter Arzt bekannt ist. Die Einrichtung seiner Wohnung zeugt von demselben gebildeten Geschmack, der in seinem Garten herrscht. Das Studium der schönen Künste ist seine Lieblingsbeschäftigung, und er hat es in den Kenntnissen derselben durch öftere Reisen, Beobachtungen, Studieren und Sammeln sehr weit gebracht.

Auch in seinem Hause besitzt er einige schöne Gemälde[29] und eine artige Kupfersammlung. Das Innere desselben verbindet mit holländischer Reinlichkeit und Eleganz deutsche Auswahl. Bei dem Allen besitzt der Schöpfer dieser vielen seltenen Anlagen eine ebenso seltene Bescheidenheit; Lobsprüche könnten ihn ernstlich beleidigen. Die Zartheit des Gefühls, welche seine Schöpfung verräth, bewähren alle seine Worte und Handlungen. Mit ihm und dem für Kunst gleich enthusiastischen Hoffmann[30] verlebte ich einen schönen unterrichtsvollen Abend.

Durch die Freundschaft dieser beiden geist- und herzvollen Männer, durch die Bekanntschaft der verehrungs- und liebenswürdigen Gräfin Henriette und ihrer gütigen Eltern, durch die Reize Steinfurts für Natur- und Kunstgefühl wurden mir die hier verlebten Tage die schönsten meiner Reise. Und darf ich, nach all den Vorzügen dieses kleinen Ortes, die ich hier treu und wahr geschildert habe, nicht sagen: daß er unter den westphälischen Städten in der Krone geselliger Freuden der Königs-Diamant sey?

Dieses Urteil erneuert und bestätigt sich, wenn man aus dem kleinen Steinfurt nach dem nur sechs Stunden entfernten großen und prächtigen Münster, der beinahe größten und schönsten Stadt des jetzigen Westphalens, kommt.

Reise eines Bremers nach dem Bagno 1804

Bremen den 29ten August.[31)]

> Das waren mir selige Tage!
> O süßes Erinnern, noch trage
> Zum Bagno mich einmal zurück!

So, geliebter Freund, wäre ich wol im Stande nun eine Parodie zu dichten. Wahrlich! ein schöner Tag schwindet mit der untergehenden Sonne nicht vorüber. Ich muß mein Bekennntniß aufrichtig hier ablegen, daß mein Herz in den trüben Tagen, wo ein feindliches Gewitter meiner Vaterstadt zu drohen schien,[32)] einer süßen Erquickung genoß, die ich vielleicht in keinem Winkel von Deutschland sonst gefunden haben würde. Wir kamen des Sonntags, obschon wir zu Osnabrück Extrapost genommen hatten, dennoch erst gegen sechs Uhr des Abends zu Burgsteinfurt an. Als wir uns daselbst gelabt, und unsre Damen aufs neue sich angekleidet und geputzt hatten, eilten wir, in Begleitung eines Wegweisers, nach dem ersehnten Lustwalde, dem Bagno. Gleich am Schloßthor der Stadt nahm uns eine doppelte Allee von Kastanien und Linden in ihre Kühlungen auf. „Empfangt mich, heilge Schatten!" rief die entzückte Friederike, und wir alle waren froher, als sonst.

Der erste Teil des Konzerts, meine Herrn und Damen, ist schon aus, sagte im Vorbeigehn ein Mann, der, nach dem Anzuge zu urtheilen, aus der gräflichen Dienerschaft war. Wir flogen also, ohne uns bei mancher Schönheit, die uns in die Augen sprang, zu verweilen, den Zaubereien der Töne, die uns von ferne schon entgegen strömten, grades Weges zu. – Welch ein Anblick! welch liebliches Gemisch! welch frohes Drängen von Menschen! Wir standen auf einer Brücke. Vor uns schwebte und schaukelte ein schöner Zug von Lustschiffen;[33)] ein Kahn mit Musikanten, die in Zigeuner sich vermummt hatten, ruderte voran, und erfüllte die Gegend ringsumher mit fröhlichem Wiederhall. Zur linken öfnete dem Auge sich eine geräumige wohlgeebnete Pläne, auf welcher der Konzertsaal erbaut ist. Die Ufer des Kunstsee's waren mit Menschen bedeckt, die alle auf die Ankunft des schönen Schiffes, worin die gräfliche Familie und die fremden Herrschaften sich befanden, mit froher Neugier warteten. Der Graf, ein stattlicher, freundlicher Mann, den ich, nach meinem Urtheile, in ein Alter von acht bis neun und dreißig Jahren setze, trat zwischen der Doppelreihe seiner vergnügten Unterthanen und der Fremden einher. Er führte, hieß es, die Gräfin von Mehrfeld,[34)] und grüßte von beiden Seiten die Zuschauer freundlich. Die Gemahlin des Grafen, eine geborne Herzogin von Holstein-Glücksburg und Mutter vieler schöner Kinder, blickte mit herzlich huldvoller Miene und eben so grüßend, als ihr Gatte, auf die Umstehenden herab. Gern, mein Lieber, möchte ich Ihnen die ganze Kette von Schönheit und Putz, wie sie aus der Flotte allmälig sich entwickelte, noch beschreiben; allein unsere schelmischen Begleiterinnen haben alles verdorben. Als die gräfliche Tochter – sie soll Charlotte[35)] heißen – nun auch hervorschwebte, und mein trunknes Auge ganz auf dieser blühenden Gestalt ruhete, zupfte mich Friederike am Arm, und bat mich, mit ihr wegzugehen, indem sie vorgab, es länger nicht im Gedränge aushalten zu können. Ich ging. Was thut man nicht gerne für eine schöne Gesellschafterin?

Der Wegweiser führte uns in ein Haus, das ebenfalls im Bagno, nicht weit von der Wache, liegt. In der Zeit, als unsre Damen eine Erfrischung genossen, und vor dem Spiegel zwischen sich und andern Schönen eine Vergleichung anstellten, hatt' ich die Freude einen Mann zu sehen, dessen Sohn wir in Hamburg so oft bewundert haben. Rathen Sie mal, war

Ansicht der Inseln und ländlichen Brücken

es war? Herr Romberg aus Münster.[36] Ich freute mich doppelt diesen Mann kennen zu lernen; einmal weil ich die Ehre hatte, den Virtuosen und Musikdirektor persönlich zu sehen; das andremal, um dessen Urtheil über das steinfurter Konzert hören zu können. Das Gespräch war bald auf Musik geleitet. Diesem Zufall habe ichs zu verdanken, daß ich nun Ihnen, dem enthusiastischen Verehrer der Polyhymnia! vom dasigen Konzert etwas zu sagen im Stande bin.

Der Graf ist ein großer Beförderer der Tonkunst, und selbst Meister auf der sanfttönenden Flöte. Das musikalische Personal ist erlesen, und ziemlich vollkommen, und scheint von Jahr zu Jahr es noch mehr zu werden.[37] Herr Simonetti, vormals in kurbonnischen, jetzt in dasigen gräflichen Diensten,[38] ist noch immer ein vortreflicher Sänger, u. scheint, wenn man ihn nun hört, von der Höhe, auf der er vor zwölf Jahren stand, nicht gewichen zu seyn. Herr Giuliani ist ein Mann, der die Früchte seiner ehemaligen Blüthe genießt.[39] Er soll bisweilen noch im Gebiet des Komischen auftreten; aber Kenner zweifeln daran, ob die Göttin Polyhymnia sich so tief herablasse! Der Freiherr von Saalhausen, der als Liebhaber auch sich zuweilen hören läßt, hat, zu vielem musikalischen Talent, ein überaus feines Gehör, und singt mit Geschmack.[40] Die Gräfin Charlotte, die einzige weibliche Stimme, singt, wenn man sie nicht sieht, mit Empfindung, Gefühl und Zartheit, und wenn man sie sieht, wie ein himmlischer Genius. So sehr, dacht ich, läßt sich der männliche Geschmack von tausend Dingen bestechen, die wir selten ahnen!

Indessen war mein Verlangen zum Konzert nun recht hoch gestiegen − wir boten unsern Damen den Arm, und eilten weg. − Wir traten in den hellerleuchteten Saal. Meine Organe kamen mit einander in Streit; jeder wollte vor dem andern den Vorzug des Genusses haben, Aug und Ohr.

Sie kennen mich, daß in diesem Kampfe ich so gern meinem Auge den Vorzug einräume, was auch um so mehr zu entschuldigen ist, weil ich, bloß Dilettant, für Musik nur ein gesundes Ohr und Herz habe. An einem Ende des sehr großen Saales sitzet Ludwig, so heiss(e)t der gräfliche Verehrer Appollons, mit allen seinen Geweihten. In einer gewissen Entfernung bildet die gräfliche weibliche Familie, mit den vornehmen Frauen der Stadt und der Fremde um sich herum, einen Halbzirkel.

Hinter diesen nimmt jeder, weß Standes und Ranges er seyn mag, unentgeldlich freien Platz. Welch ein süßer, herzhebender Anblick! Umgeben von seinen Unterthanen sitzt hier der Landesherr, wie ein Vater von seinen Kindern, der durch die Freundlichkeit seiner Blicke so viel Liebe als Ehrfurcht einflößt; dem die Opfer des Herzens angenehmer sind, als die, welche der Zwang erpreßt!

Mir stieg, Minute zu Minute, mein Entzücken! Simonetti trat auf und Charlotte. Sie sangen ein Duett, und ich, lieber Freund, verstand da zum erstenmal, was Herder sagt: „Die Stimmen theilen sich; sie antworten oder begleiten einander; süße Eintracht, das Bild himmlischer Zusammenwirkung, Liebe und Freundschaft. Oder sie verfolgen einander, kämpfen, umschlingen, verwirren sich, und lösen einander zur süßesten Beruhigung auf; trefliche Darstellung des ganzen Gewebes unserer Empfindungen und Bemühungen auf dem Kampfplatz des Lebens. Wem Worte und Töne dies verbündet ausdrücken, der wird über sich, aus sich hinausgezogen; nicht etwa nur in einem Spiegel erblickt er, er empfindet, wenn man so kühn reden darf, die Ethik und Metaphysik seines Daseyns."

Ich verlor mich ganz in diesem süßen Traumgefühl, und siehe! Das Konzert war vollendet. — Ich ließ noch einmal meinen Augen die Freiheit mit sittsamer Neugier herumzustreifen, und entdeckte in dem Halbzirkel recht viele schöne Gesichter und Gestalten, die, wie unser Wegweiser mir sagte, in den, nicht weit von Steinfurt liegenden, Stiftern[41] ihre Heimat haben sollten. — Ich schließe hiermit meinen Brief. Aber sie können einige Posten hinter einander noch auf viele hoffen,[42] weil ich drei Tage mit meiner Gesellschaft mich allda aufgehalten, und also noch vieles zu erzählen und zu beschreiben habe. Leben Sie wohl! —

Bernadotte im Bagno 1804

Das Bagno hat unter dem Grafen Ludwig viele glänzende Feste gesehen. Über einige derselben liegen Aufzeichnungen von der Hand des Grafen vor, so über die Bürgerfeste (fêtes civiques), die der Graf am 27. August 1793 und am 3. Oktober 1802 der Steinfurter Bürgerschaft im Bagno gab. Besonders das Fest von 1793 ist interessant durch die Beobachtung, daß die Ideen der französischen Revolution auch in diesem stillen Winkel Deutschlands eine so starke Verbreitung gefunden hatten, daß Graf Ludwig sich veranlaßt sah, im Konzertsaal eine gegen gewisse Steinfurter Jakobiner und Franzosenfreunde gerichtete temperamentvolle Rede an das Volk von Steinfurt zu halten. Im folgenden sind die Nachrichten über den Besuch Bernadottes im Bagno vom 29. September bis zum 1. Oktober 1804 zusammengestellt, weil diese Tage den Höhepunkt im Leben des Grafen Ludwig und in der Geschichte des Bagno bezeichnen.

Der erste Abschnitt ist dem „Unbefangenen", einer von F. H. E. Schnaar, Professor am Arnoldinum, zu Burgsteinfurt 1804-1811 herausgegebenen Zeitung, die zu den ältesten Westfalens gehört, entnommen. Der zweite Hauptteil ist von dem Grafen selbst in seinem Tagebuch nach seiner Gewohnheit unmittelbar nach den geschilderten Ereignissen sehr hastig in äußerst kleiner und oft kaum zu entziffernder Schrift aufgezeichnet worden, wodurch sich manche grammatische und orthographische Mängel erklären.

Der Besuch Bernadottes, des damaligen Befehlshabers der französischen Okkupationsarmee in Hannover, hing mit der auf Grund der Pariser Konvention vom 22. Mai 1804 erfolgten Übergabe der bisher an Kurhannover verpfändet gewesenen Grafschaft Bentheim an den Grafen Ludwig von Steinfurt zusammen. Der Graf wollte von Bernadotte außer der schon erreichten Neutralität für Bentheim die Befreiung seines Landes von Beiträgen zur Verpflegung der französischen Truppen erlangen, durch ihn einen Druck auf die der neuen Ordnung der Dinge widerstrebenden bentheimschen Landstände ausüben und die Unterstützung seiner Bemühungen zur Wiedergewinnung der 1803 durch den Reichsdeputationshauptschluß an den Rheingrafen (Salm-Horstmar) gefallenen Obergrafschaft Steinfurt erreichen.

I.

[Burgsteinfurt d. 29. Sptb.] Heute stattete der franz. Reichsmarschall Bernadotte am hiesigen Hofe einen Besuch ab. Er war begleitet von den Generalen Berthier und Barbou, und hatte ein sehr ansehnliches Gefolge nebst einer Bedeckung von 17 Gardehusaren bei sich. Des Sontags war Concert, Beleuchtung und Ball, wobei sehr viele fremde Herrschaften zugegen waren. Während der Promenade führte der Reichsmarschall Bernadotte unsere Fürstin. Die Comtessen, die Gräfin von Meerfeld und die Freifrau von Ohr wurden von den andern Stabsoffizieren geführt. Unser reg. Graf selbst hatte am Arm die Freyin von Schmising. Das Bagno wogte von Menschen. Bis zum 1sten Octbr. verweilte hier der franz. Generalstab, wo er gegen 7 Uhr des Morgens wieder abreisete. Er wurde so wol bei seiner Ankunft als bei seiner Abreise von Steinfurt mit dem Donner des groben Geschützes begrüßt und am Hofe hatte man sich alle Mühe gegeben, um diesem hohen Gaste und seinen ansehnlichen Begleitern den kurzen Aufenthalt möglichst angenehm zu machen. Am nächsten Morgen, als dem Tage seiner Geburt, ist unser Landesherr auch verreiset.[43]

II

Samstag, der 30.[44)]

Samstag kam der Marschall Bernadotte schom um 5 Uhr (nach) der Uhr des Bagno an, d. h. etwas nach 4 Uhr, anstatt gegen 7 Uhr, wie der Kommissar Cordillac[45)] es mir angekündigt hatte. Doch ich hatte sorgfältig meine Vorbereitungen getroffen, daß alles fertig war, als wir den ersten Schuß aus einer der zwei Kanonen hörten, die ich vor das Wassertor habe plazieren lassen, die anderen zwei befanden sich bei der Schloßgarde und außerdem zwei am Bagno, wo ich ihn mit seinem Offizier-Korps am Haus von Degener[46)] empfing; an der Galerie befanden sich schon meine Frau, Damen aus der Stadt, die Schmising und Winches von Borghorst,[47)] auch Elverfeld und Deitmar, Abgeordnete des Staates mit von Beste, Richter am Hofe.[48)] Bedenkenswert ist, daß er, als die Staaten ihm in meiner Anwesenheit das Wohl der Grafschaft anempfahlen, auf freundlichste Weise antwortete, daß allein meine Empfehlung ausreichend sei, da ich so sehr daß Vertrauen des Kaisers erworben habe, daß ich seines nicht brauche; als ich ihm meinen Dank für die Sendung der Kanonen abstattete,[49)] sagte er mir außerdem, daß er mir den Willen seines Souverän erfüllt habe, als er mir diese Kanonen schickte.

Auch sagte er am zweiten Tag, Sonntag, zu den oben erwähnten Abgesandten der Staaten, die ihm für die vereinbarte Neutralität seit dem 1. Fruktidor des Jahres XII (19. August 1804) dankten, daß sie dieses Glück nur mir und der Güte des Kaisers mir gegegenüber zu verdanken hätten, daß der Befehl seines Souveräns gewesen sei, alle Staaten Bentheims zu zerstören, was er ihm zwei Mal vorgeschlagen habe, da sie eroberte Staaten seien, wo er die Regierungsform nach seinem Urteil verändern könne; aber nur meine Seelensgüte habe diese Veränderung nicht tolerieren wollen, so daß ich es abgelehnt habe und daß konsequenterweise ihre Dankbarkeit mir gegenüber diesbezüglich ewig sein müsse; auch forderte er sie sehr auf, mir in allem zu gehorchen und meinen Willen zu erfüllen, ohne den ihre Existenz verloren sei: etc. Diese Aussagen erscheinen mir zu bedenkenswert, um sie nur hier niederzuschreiben, sondern ich ließ durch Freunde auch einen deutschen Rundbrief an alle Staaten von Bentheim aufsetzen, um diese Erklärung ihrer Kenntnis zuzuführen.[50)]

Wir sprachen zusammen und machten eine kleine Runde zum Springbrunnen, der Galerie gegenüber, auch zum Pferdestall, dann kehrten wir so gegen 8.30 Uhr zur Galerie zurück, wo wir zusammen im erleuchteten Gartenhäuschen das Diner à la francaise nahmen. Ich nahm gegenüber dem Marschall Bernadotte Platz, neben meiner Frau der General Barbon von Osnabrück, auf der anderen Seite des Generals die (Frau) Schmising und dann der General Bertier von Hannover.[51)] Um das Diner zu erheitern, machten meine Musikanten eine harmonische Musik. Der Marschall aß recht gut, er mag gerne Kartoffeln und dicken Mais, aber überhaupt kein Wild; auch legte er großen Wert auf unsere Pfirsiche und aß einige Scheiben Ananas. Nach dem Essen gingen wir noch mal zurück zur Galerie, und obwohl es Samstag war, waren dort viele Menschen, die sich vor allem durch das Feuerwerk angezogen fühlten, das ich hatte anfachen lassen. Anschließend geleitete ich ihn gegen 23 Uhr zu seiner Unterkunft am Gartenhaus, die er als sehr gut befand.

Auch hatte ich Gelegenheit, ihn auf den Ofen anzusprechen, den ich in der Galerie hatte aufstellen lassen, auch im letzten Zimmer, wo vormals die (Frau) Schüttmann untergebracht worden war. Ich sagte ihm, daß ich einen vertrauten Mann nach Osnabrück geschickt hatte, der uns die Neuigkeit überbracht hatte, daß die Staaten nicht mehr verlangten als mich zum Souverän zu haben, (ich sagte außerdem), daß ich den großen Dekan Weichs hatte untersuchen lassen, der mir hatte sagen lassen, daß er sich für die erbetene Geldzahlung anbiete, sobald er diesbezüglich die Mitteilung der französischen Regierung erhielte, daß er dann sofort in die Verhandlung mit mir eintreten würde.

Diese Erklärung gefiel dem Marschall, und er versicherte mir, daß er sobald er sich nach Paris begeben werde oder früher noch, seinem Schwager, dem Prinzen Joseph, schreiben würde, um ihm von all diesem in Kenntnis zu setzen, vielleicht auch ein Wort an die Kaiserin, daß es zur Politik seiner Regierung gehörte, eine weniger große und vermittelnde Macht zwischen Holland und Hannover zu haben,[52] daß er schließlich hoffe, daß dies sich zu meiner Zufriedenheit arrangiere, daß er sein Bestes tue. Diese freundliche Erklärung war sozusagen das „Guten Abend".

Sonntag, der 30.

Obwohl ich mich frühzeitig angezogen hatte, versicherte man mir, daß der Marschall immer noch im Bett sei, sodaß ich mich um 11 Uhr hinbegab. Nachdem der Neger, sein bevorzugtes Faktotum, mich angemeldet hatte, fand ich sichtlich, daß mein Besuch ihm gefiel. Die Generäle Barbon und Bertier befanden sich an der Seite seines Bettes, und sein Lieblings-Adjudant las ihm Depeschen vor. Auch hatte er eine aus Bremen, wo diese Herren ihm anboten, eine Delegation zu entsenden, um alles zu regeln; daraufhin sagte er mir, daß sie ihre Interessen schlecht gekannt hatten, als sie mehr Geschenke nach Berlin, Wien und Petersburg übergaben als die Anleihe ausmachte, ohne das Geringste zu bewirken, daß er ihnen im übrigen jede Sicherheit und die Rückerstattung in einigen Monaten angeboten hatte, indem er ihnen die Erhebung der Einkünfte oder der Anzahl der gefällten Bäume, die er erwirken würde, zukommen ließe.

Nachdem wir lange und über viele Dinge geredet hatten, zog ich mich zurück um dem Marschall Zeit zu geben, aufzustehen und sich anzuziehen. Anschließend waren da noch weitere Depeschen bezüglich des Krieges mit Rußland, und all dies zog das Frühstück in die Länge, das sich ganz wie ein gutes Mittagessen ausnahm, bis um 1 Uhr, als ich die gewohnte Gesellschaft an den Tisch lud. Er aß viel, und da ich wieder ihm gegenüber saß, tat ich mein Möglichstes, ihn gut zu bedienen.

Nach dem Essen ging ich mit ihm und seinen Offizieren durch das ganze Bagno, sogar auf den ägyptischen Turm und zum Häuschen der Fischerinsel. Schließlich kehrten wir gegen 4 Uhr heim, und ich war vom Laufen vollkommen durchschwitzt. Dann mußte ich mich von Neuem frisieren lassen und zog ein besticktes Gewand aus Paris an mit Schwert und dreihornigem Hut. Als er von der Galerie zurückkam, machte er mir bezüglich meiner schönen Aufmachung ein Kompliment, woraufhin ich ihm sagte, daß ich wohl wisse, daß er all dem überlegen ist, aber daß ich der Öffentlichkeit auf diese Weise meine große Ehrerbietung für ihn zeigen wollte. Dieses Kompliment schien ihm zu gefallen.

Das Konzert begann und nach vier Stücken machten wir unseren gewohnten Spaziergang und obwohl zwei Stunden zu früh bei schönstem Wetter der Welt und einem sehr bemerkenswerten, fast unverständlichem Andrang des Volkes für die Jahreszeit. Nahe des Springbrunnnens, bat er mich, daß man anschließend einige Walzer zur Anregung einiger (der) jungen Damen spiele, was ich ihm versprechen mußte, auch obwohl er überhaupt nicht tanzt. Nach dem Spaziergang, der ihm zu gefallen schien, begann das Konzert wieder, und der zweite Akt endete sehr bald, da er keinen Wert auf Musik legte. Dann hatte ich die Girlanden zwischen den Laternen vor der Galerie erleuchten lassen, was eine gute Wirkung erzielt und nicht wie eine Beleuchtung wirkt und man warf viele Garben, die, als sie in das Publikum trafen, dieses aufschreien und einen Ton unbegreiflicher Heiserkeit von sich geben ließ.

Dann beim Diner oder Abendessen um 9 Uhr, das mehr als 60 Gedecke umfaßte, herrlich, die Äbtissin Merfeld[53] war auch angekommen, setzte ich mich wieder ihm gegenüber, um ihn aufs Beste bedienen zu können, was er wohl bemerkte; wir blieben ziemlich lange bei Tisch, und anschließend kehrten wir zur Galerie zurück um zum Tanzen einzuladen, was schnell ausgeführt war. Aber da der Marschall daran nicht teilnahm, nutzte ich den Moment, um ihn heimzubringen, ihm vom hohen Grafen von Steinfurt zu erzählen und um ihm auch meine Konvention mit Noël zu lesen zu geben, wonach dieser mich, nach dem Urteil des Marschalls, getäuscht hatte.[54] Aber nachdem ich ihm gesagt hatte, daß die französische Regierung mir angezeigt hatte, mit Noël zu verhandeln, den ich niemals zuvor gesehen hatte, und als diese ganze Sache eingefädelt war, versprach er mir diesbezüglich an den Minister Talleyrand zu schreiben, um ihn aufzufordern, diese Sache zu meinem Vorteil zu Ende zu führen. Anschließend kehrten wir zur Galerie zurück, und er verabschiedete sich von den Damen, woraufhin ich zu deren Bedauern sofort den Tanz beenden ließ.

Er vertraute mir auch an, daß meine Frau den Krieg mit Rußland fürchtete, aber daß ich ihr sagen müsse, daß genau dies meine Größe steigern würde, da ich es verdiente, größere Besitzungen zu haben, daß er sehe, wie ich mein Volk behandle und wie es mich liebt, daß schließlich die Regierung mir eine Erhöhung schulde, da sie mich ganz in seine Arme geworfen hat, daß er seine Feinde zerschlagen und Personen wie mich schützen und fördern müsse. Kurz, seine Art über mich zu sprechen war äußerst günstig und entgegenkommend, vorausgesetzt, daß das alles nur schön aufrichtig war.

Montag, 1. Oktober

Aufwachen schon um 4 Uhr, aber der Marschall zog seine Abfahrt solange hin, bis es schon heller Tag war. Wir waren alle da, ihn noch einmal zu sehen, ich als einer der Ersten, sogar meine Frau, und er nahm seinen Milchkaffee. Er wiederholte noch die freundlichen Angebote und Bekundungen des Vorabends, auch versprach er mir, mir die Urkundensammlungen von Hannover bis Steinfurt zu schicken, woraufhin ich ihn bat, sie mir nur nach Osnabrück zu schicken, von wo ich sie holen lassen würde. Und ich sagte dasselbe zum General Barbon, mich unverzüglich zu benachrichtigen, wenn sie dort eingetroffen sein würden, um sie abholen zu lassen.[55] Ich bat seinen Adjudant Maison (den der Kommissar Crouzet mir am Vorabend so sehr empfohlen hatte, indem er mir sagte, daß der Marschall sehr großen Wert auf ihn lege, mir deutlich zu verstehen gebend, ihm ein Geschenk zu machen), den Brief an Talleyrand auf den Weg zu schicken, was er mir versprach, er sagte sogar, daß er mir die Kopie zusenden würde.

Auch hatte mir Crouzet am Vorabend gesagt, daß ich, da der Krieg mit Rußland erklärt sei, 400 Francs verdienen könne für den Grafen von Bentheim durch die Neutralität, die der Marechal mir zugestanden hat, welches er sehr fühlbar machte.[56]

Beim Abreisen fand der Marschall das Bagno noch so schön, auch gab ihm der heraufziehende Tag einen großen Glanz, und mit den Kanonensaluten hier, in der Stadt und vorne fuhr er ab, verzaubert von meiner Lebensart, wie mir schien. Um dies vollkommen zu machen, bezahlte ich die 22 Bauernpferde, um ihn nach Rheine zu führen, auch die gesamte Ausgabe seiner Husaren und Führer in den Herbergen, so daß er diesbezüglich die ausgestellten Anweisungen mit Zufriedenheit zerrissen hat, wie Crouzet zu Herrn Bohy sagte.[57]

Berghaus: Steinfurt und das Bagno 1805

Burgsteinfurt[58], auf der Nordseite von Münster belegen, war mit Overhagen's Schimmel-gespann in sieben bis acht Stunden Zeit zu erreichen. Fuhr man mit Sonnenaufgang − es war im hohen Sommer − aus, so konnte man um Mittag in Burgsteinfurt sein. Der Nach-mittag, die beiden folgenden Tage und der Vormittag des vierten Tages waren zum Aufent-halt in dem damaligen − Elysium des Münsterlandes bestimmt, der Nachmittag eben die-ses Tages aber zur Rückreise nach Münster...

Der Weg von Münster nach Burgsteinfurt führte damals längs des Canals bis ungefähr gegenüber dem Städtchen, dann bog man links oder gegen Westen ab. Ungefähr auf hal-bem Wege wurde an der Steinernen Schleuse des Canals eine halbe Stunde lang Rast gemacht, um Menschen und Thiere zu − erquicken. Der Schleusenwärter hielt ein Wirths-haus, das nach damaligen Begriffen zu den am besten eingerichteten auf dem platten Lande gehörte. Es war da viel Verkehr. Der Canal diente nicht blos zum Transport von Frachtgütern, sondern wurde auch als Postweg für Reisende benutzt, die an der Steiner-nen Schleuse Station machten... Eben der guten Wirthschaft wegen war die Steinerne Schleuse das Ziel häufiger Lustreisen von Münster aus, die in Einem Tage hin und her gemacht wurden. Eine Veranlassung dazu war auch der gute Weg, damals der allerbeste im ganzen Münsterland weit und breit; denn er diente hauptsächlich als Treidelweg für die mit Pferdekraft gezogenen Canalfahrzeuge und wurde deshalb von der Canalverwaltung stets in gutem Stande gehalten. Der Canal ist durch eine Gegend geleitet worden, die zum größ-ten Theil, und besonders bei der Steinernen Schleuse und von da abwärts über Clemensha-fen bis zum Ende des Canals, damals zu der allerödesten des ganzen Landes gehörte...

Verließ man den Canal, so hatte man noch anderthalb bis zwei Studen bis Burgsteinfurt zu fahren, und man kam bald aus dem Heidefeld in die Region der Wallhecken, also in's ange-baute Land der Bauerschaften, wo aber der Weg, eng, eingeschlossen und gekrümmt, daß man nicht dreißig Schritt vor sich sehen konnte, wohin er führen werde, in einem Zustande der Verwilderung war, daß der festgebauteste Wagen Gefahr lief, seine Deichsel und alle seine Räder zu verlieren, während die Insassen hin- und her- und aufeinander geschleudert wurden und von Glück sprechen mußten, wenn sie mit Beulen an der Stirn oder am Hinter-kopfe davon kamen. Was die armen Pferde dabei zu leiden hatten, ist erdenklich; die Beschaffenheit der münsterschen Landstraßen war, wie mit Absicht, auf − Thierquälerei berechnet! Das war eins von den Ergebnissen der geistlichen Regierung in Münster...

Gleichsam eine Oase innerhalb des Münsterlandes bildete die Grafschaft Steinfurt... Steinfurt war eine Oase in mehr als einem Bezuge: landschaftlich, weil das Ländchen sei-nen Umgebungen gegenüber als ein großer, vortrefflich angebauter Garten erschien; poli-tisch, weil hier ein selbständiger Autokrat herrschte, der sich wo möglich eben so viel dünkte, als sein ihn umzingelnder Nachbar, der Fürstbischof von Münster; kirchlich, weil die allermeisten Bewohner der Grafschaft mit der Landesherrschaft der reformirten Kir-che angehörten.

Die Grafschaft Steinfurt war in früheren Jahrhunderten von weit größerm Umfange gewe-sen, als es gegenwärtig war... Jetzt bestand die Grafschaft Steinfurt nur aus der Burg, dem Städtchen und der Bauerschaft dieses Namens, eine fast kreisförmige Fläche von kaum einer Meile im Gevierten bildend...

Burgsteinfurt war in ganz Westfalenland bekannt und berühmt wegen seines Schloßgar-tens, den der reichsgräfliche Besitzer seltsamer Weise Bagno nannte. Aber statt eines engen, verschlossenen Gefangenenraums, den der Name bedeutet, und statt der Idee der

Unfreiheit, das Beschränkt- und Verschlossenseins, und des Trübsals und der Leiden, die sich daran knüpfen, walteten in dem offenen Raume des Burgsteinfurter Bagno Freiheit und Freude, Frohsinn und Lust, und Ergötzlichkeit, Vergnügen und Erholung auf jedem Schritt, den man in diesem stundenlangen Lustgarten machte, der sich, unmittelbar an die wasserumgürtete, im Aeußern mittelalterliche Burg anschließend, bis an die südliche Gränze der Grafschaft erstreckte, wo er dicht vor dem großen, marktfleckenartigen Dorfe Borghorst und den Gebäuden des daselbst befindlichen Versorgungsstifts adeliger Jungfrauen sein Ende erreichte. Dieser Park war ein wilder Wald gewesen, vorzüglich mit Eichen bestanden, in die Buchen und Ahorn eingesprengt waren, und längs des Aaflüß-chen, das ihn in einer Wiesen-Niederung ohne feste Ufer der Länge nach durchfloß, mit verschiedenen Salixarten und mit Erlengebüsch bewachsen. Schon der Vater des im Jahre 1805 regierenden Grafen hatte den Anfang gemacht, diese Nutzwaldung in einen Lustwald zu verwandeln, der nur dem Vergnügen gewidmet sein sollte, der Sohn aber seit Antritt seiner Regierung ungeheure Kräfte und Kosten aufgewendet, den Entwurf des Vaters zum vollsten Ende zu bringen…[59]

Das Bagno von Burgsteinfurt war eine großartige Anlage, das verkannte Niemand; allein es gab auch Leute, die den Kopf schüttelten über all' die architektonischen Kleinigkeiten und Spielereien, die in dem Garten zusammengedrängt waren und die den Geschmack aller Zeiten verletzten, wie viel mehr den geläuterten Geschmack, der in der Uebergangse-poche des 18. und 19. Jahrhunderts auch in Deutschland für die Landschaftsgärtnerei und ihre Ausschmückung zum Durchbruch gekommen war. Es gab hier große Seeflächen, wozu das Bette durch Menschenhand ausgegraben war, und deren, vom Aaflüßchen getränkter, Wasserspiegel im Schatten der mächtigen Eichen und Buchen in den umgürtenden Waldstrecken einen wohlthuenden Eindruck machten. Künstliche Wasserfälle im Waldesdickicht erhöhten diesen Eindruck, und mächtige Springbrunnen, die durch ein Kunstrad von ungeheuerlichem Durchmesser in Bewegung gesetzt und getrieben wurden, ergötzten auf wunderbar schönen Rasenteppichen vor dem Schlosse und in seiner Nähe durch die Farben des Regenbogens, die sie in ihrem mehr als hundert Fuß hoch gehobenen Wasserstrahl im Sonnenschein erzeugten, das Auge, und kitzelten das Ohr durch ihr Plätschern und Gemurmel.

Das Alles war sehr schön, aber entstellt wurde es durch eine Unzahl von Tempeln, Moscheen, Kiosken, Grotten u. d. m., nicht blos durch ihre architektonische Form, auch durch die geschmackwidrige Stellung, die der hochreichsgräfliche Künstler seinen vermeintlichen Kunstwerken angewiesen hatte. In einer Bucht des großen Bagno-Sees lagen reichgeschmückte Prunkschiffe, auf denen er mit seiner Familie und den bei ihm weilenden hohen Gästen Spazierfahrten unternahm, stets in Begleitung einer zahlreichen Bande von Musikanten, die einen Bestandtheil seines Hofstaats ausmachte. Die tollste seiner Ideen, die er im Bagno zur Ausführung gebracht, war aber ein Riesenschachbrett im Freien, wo die Spieler zwei einander gegenüberstehende Bühnen bestiegen, und von da aus reich und phantastisch gallonirten Dienern, welche Kammerherren vorstellten, zuriefen, die Figuren, die über Menschengröße hatten, auf die Felder zu rücken. Im Bagno gab es außer Gesellschafts-, Speise- und Tanzsälen ein Theatergebäude, auf dessen Bühne eine der in Westfalen umherwandernden Schauspieler-Gesellschaften, vom Grafen dazu angeworben, von Zeit zu Zeit Vorstellungen gab[60]; so wie einen großen Concertsaal, worin die Hofkapelle, zu der auch reich besoldete italiänische Sänger und Sängerinnen gehörten, die großen Tondichtungen der Italiäner und Deutschen mit seltener Meisterschaft zur Aufführung brachte. In diesen Concerten wirkte der musikalisch gebildete Graf, der die Flöte als Virtuos blies, dann und wann mit. Lustig aber war es mit anzusehen, wenn bei einer solchen Gelegenheit dem Grafen das Instrument auf einem weißseidenen, goldbefranzten Kissen von einem Bedienten im Lakaien-Costüm Ludwigs XIV. mit einer Kniebeugung überreicht wurde.

Die musikalischen Aufführungen, die sich im Sommer an jedem Sonntage wiederholten, waren wegen des Kunstgenusses, den sie gewährten, neben den landschaftlichen Schönheiten des Parks, der Hauptanziehungspunkt von Fremden aus der Nähe und Ferne, welche das Städtchens Burgsteinfurt Bevölkerung Sonntags fast zu verdoppeln pflegten. Denn die Hochgräfliche Erlaucht ließ sich mit hoher Gnade herab, den Fremden, wie auch seinen Unterthanen und der zahlreichen Schaar seiner Beamten- und Dienerschaft, den Zutritt zu diesen Concerten zu gestatten, hauptsächlich den ersteren einen augenscheinlichen und ohrenhörenden Beweis von der ihm beiwohnenden Würde und Macht zu geben. Diese wurde auch noch durch ein sogenanntes Kunsthaus vertreten, in dem eine Gemälde-Gallerie und ein Museum von Bildwerken, Alterthümern, Münzen, auch eine Büchersammlung aufgestellt war.

Alles das war an sich schön und gut, aber es nahm durch die Art und Weise, wie es zur Schau gestellt wurde, den Charakter des Lächerlichen an, der sich durch die reichsgräfliche Leibwache erhöhte, welche, unter dem Befehl eines Hauptmanns und eines Lieutenants, funfzig Mark stark den Dienst im Schlosse versah: große, stattliche Leute in rother Montur mit gewaltigen Bären-Hauben auf dem gravitätisch getragenen Haupte, in weißen Beinkleidern, mit schwarzen Gamaschen bis über's Knie. Noch lächerlicher war es, wenn der Graf in sehr edler Absicht befähigte junge Leute von Talent studiren ließ und zu ihrer Ausbildung auf Reisen schickte, dann aber davon sprach, es geschehe zum Besten des Vaterlandes, unter welcher Bezeichnung er seine − Hufe Landes verstand. Ja, er ging mit dem Gedanken um, ein Gesetz zu erlassen, daß Niemand im Vaterlande ein Amt erhalten solle, der nicht seine Vorstudien auf dem vom Grafen Arnold 1591 gestifteten Gymnasium illustre Arnoldinum zu Burgsteinfurt gemacht habe[61], das allerdings unter seiner Fürsorge einen großen Ruf unter den lateinischen Schulen des protestantischen Westfalens erworben hatte[62]. Es wirkten daran sechs Professoren und eben so viel Präceptoren.

So bot die Grafschaft Steinfurt und ihr Hauptstädtchen sehr viel der ernsten Betrachtung neben sehr Vielem, was scherzhafter und scharfer Beurtheilung unterworfen werden konnte.

Friederikens und August's Trauung fand an einem Freitage statt, um den folgenden Samstag zur Reise nach Burgsteinfurt zu benutzen, damit das Hochreichsgräfliche Concert vom Sonntage ja nicht versäumt werde.

Groß war die Ueberraschung der Gesellschaft, als die in dem Städtchen ihren Einzug hielt. Eine gerade, regelmäßige und ziemlich breite Straße nahm sie auf, mit Häusern besetzt, deren Bauart sehr nahe an die holländische streifte, hübsch aufgeputzt in den rothen Ziegelsteinen mit den weißen Streifen des Kalkmörtels, der die einzelnen Lagen im wagerechten wie senkrechten Sinn verkittet, die Straße selbst mit sehr gutem Pflaster und mit Bäumen gepflanzt und von einer Reinhaltung, wie sie nur in Holland gehegt und gepflegt wird. Auch das Innere des Gasthauses, das die Hochzeitsreisenden und ihren Brüderanhang aufnahm, so wie die Einrichtung desselben und die hier eingeführte Bewirthung erinnerten Friederike und ihren Eheherrn an die Gasthäuser in den kleineren Städten Hollands, was nicht wenig beitrug, den Genuß, den sie sich von dieser Hochzeitsreise versprachen, zu erhöhen. Und noch mehr geschah dies durch die Sprache, die in diesem Hause ein Mittelding war zwischen Hochdeutsch und dem gebildeten Niederdeutsch der holländischen Sprache und sich von den harten, rauhen Klängen entfernte, die ein Unterscheidungsmerkmal sind der im Münsterlande gesprochenen plattdeutschen Mundart.

Der Nachmittag nach der Ankunft in Burgsteinfurt wurde zum Ausruhen bestimmt von den Strapatzen, welche die Reisenden auf dem Wege vom Canale her hatten erdulden müssen. Dieses Hin- und Herwerfen des Wagens in dem Engwege, der mit einer Fahrbahn weniger Aehnlichkeit, als mit einem trocken gelegten Flußbette voll Erhöhungen und Vertiefungen hatte, war für die Reisenden eine Höllenmarter gewesen, daher sie es vorgezogen hatten, die Strecke größtenteils zu Fuß zurückzulegen.

Die in der Familie geltende Sitte, jeden Sonntag wenigstens ein Mal am Gottedienst Theil zu nehmen, wurde auch hier in Burgsteinfurt durch Besuch der Vormittags-Predigt in der reformirten Kirche noch löblicher Weise befolgt... Nach Beendigung des Gottesdienstes besah man sich das Städtchen, das in allen übrigen Straßen und Gassen, durch die der Weg führte, dasselbe hübsche, freundliche Ansehen hatte, wie in der Hauptstraße. Dicht an der Stadt, unweit der großen Kirche, war eine Johanniter-Commende oder ein Hospitalhaus. Auch die Außenseite des schön gelegenen, von den sanft gekräuselten Wellen einer Bucht des Bagnosees (!) umspülten gräflichen Residenzschlosses war der Gegenstand einer nähern Betrachtung, die auch die am nächsten gelegenen Theile des Bagnos umfaßte. Der spätere Nachmittag wurde dem Besuch der vom Grafen veranstalteten musikalischen Aufführung gewidmet, in welcher dieses Mal auch der erlauchte Concertgeber ein Flötenconcert unter Orchesterbegleitung vortrug, welches, wie man abends hörte, allgemeinen Anklang und Beifall gefunden hatte, den im Saale selbst laut auszudrücken die Ehrerbietung vor dem erhabenen Flötenbläser, mindestens das Gefühl der Schicklichkeit streng untersagte.

Es waren an diesem Tage viele Fremde aus den benachbarten kleinen Städten und Edelsitzen des Münsterlandes und der Grafschaft Bentheim in Burgsteinfurt, auch aus Münster mehrere Familien, und selbst das entferntere Osnabrück hatte mit einigen jungen Paaren, die auch die Hochzeitsreise machten, seinen Antheil zu diesem Fremdenzufluß gestellt, der mit der Hof- und Regierungsdienerschaft des Grafen und mit den Honoratioren der Residenz den geräumigen Saal überfüllte. Abends hatte der Graf eine allgemeine Beleuchtung des Gartens, verbunden mit einem artigen Feuerwerk, veranstaltet, in dessen Licht- und Feuerstrahlen die Wasserkünste auf dem dunkeln Hintergrunde des Walddickichts ein wahrhaft feenhaftes Schauspiel darboten.

Am Tage, der diesem genußreichen Abend folgte, wurde im Bagno seiner ganzen Ausdehnung nach die Kreuz und die Quer gelustwandelt und alle Merkwürdigkeiten desselben besichtigt und gemustert, und zuletzt der hohe Thurm bestiegen, der mit dem, zum Treiben der Wasserkünste bestimmten Kunstrade verbunden war. Ein weites Panorama breitete sich da oben vor den Umschauenden aus von einem Gesichtskreise begränzt, der fast nach allen Himmelsgegenden von Höhen und Bergen verschlossen war: mittagwärts die Hügelkette von Altenberge und die von Horstmar und Schöppingen, die sich bis zur Abendseite hinzog; gegen Mitternacht die Bentheimer Berginsel mit ihrem Schloß auf dem Scheitel; rechts davon folgte ein Lücke, in der die Ems ihren Lauf nahm, und deren Horizont am Himmelsgewölbe zu verschwimmen schien; gegen den Aufgang aber ruhte der Blick auf der schönen Bergkette, die den westlichsten Theil des Osnings ausmacht, und von ihrem Aufsteigen aus den platten Ericafeldern bei Bevergern und Gravenhorst bis zum hohen Dörenberg bei Iburg verfolgt werden konnte. Diese Rundsicht war ein Hochgenuß für den jugendlichen Wallfahrer: sah er doch hier das Ziel der sehnsüchtigsten Wünsche, die in seinem Herzen so oft aufgestiegen waren, wenn er auf den Basteitrümmern des Höxter- oder Mauritzthors jene Bergkette des Osnings betrachtet hatte, in größerer Nähe vor sich liegen, als von Münster aus. Eben seiner umfassenden Aussicht wegen hatte dieser Thurm des Bagno von Burgsteinfurt dem preußischen General Lecoq bei dessen trigonometrischen Vermessung von Westfalen, dessen Namen nach seinem geographischen Umfange im Sinne der ältern Zeit genommen, als Dreieckspunkt gedient[63], was dem Wallfahrer aber erst in späteren Jahren durch Zach's monatlichen Briefwechsel zur Beförderung der Erd- und Himmelskunde bekannt geworden ist.

Die Hochzeitsreise nach Burgsteinfurt hatte einen jeden der Theilnehmer in hohem Grade befriedigt, und noch lange nachher diente sie im Familienkreise des elterlichen Hauses zum Gegenstand angenehmster Erinnerung und lebhafter Unterhaltung.

101

Sechs Jahre waren verflossen, als der Wallfahrer im Septembermonate des Kometenjahres 1811 Burgsteinfurt zum ersten Male wiedersah.

Welcher Umsturz der Dinge und welche Umwandlung der politischen Zustände war in dieser Zeitspanne vorgegangen?

Mit dem Untergang des Deutschen Reichs im Juli 1806 war die freie Reichsgrafschaft Steinfurt aus der Reihe selbständiger Gemeinwesen gestrichen... Der Graf begab sich nach Paris, um dort seine Rechte geltend zu machen...

Seine Familie führte unter diesen gedrückten Verhältnissen auf dem Schlosse zu Burgsteinfurt ein einsames, beschauliches ja verkümmerndes Stilleben. Von dem Hofhalt von 1805 und seinem damaligen Glanze war nichts mehr zu sehen: die gräfliche Familie hatte sich auf ein Minimum des dienenden Personals beschränkt. Sie sah keine der vornehmen Gäste mehr bei sich, die sonst durch Prachtfeste erfreut und belustigt worden waren, und die, wenn sie sich bei dem reichsgräflichen Wirthe verabschiedet hatten, ihn wegen seiner absonderlichen und abnormen Ergötzlichkeiten auch wol zu verspotten und zu verlachen pflegten. Nur die nächsten Verwandten der Familie und die vertrautesten ihrer Freunde und Bekannten ließen sich dann und wann auf dem Schlosse sehen, von dessen Räumen Frohsinn und Wohlleben für immer Abschied genommen zu haben schienen. Der Schloßgarten des Bagno lag verödet und verwilderte von Tag zu Tag, die Bauwerke darin verfielen, nichts geschah für ihre Erhaltung, und der hohe Thurm war seinem Einsturz nahe. Nicht mehr durchschnitt die Flottille der Prunkschiffe den schönen Wasserspiegel des Bagnosees, dessen Ufer Schilf und Röhricht überwucherten.[64] Burgsteinfurt bot 1811 in der That ein sehr trauriges Bild von der Vergänglichkeit menschlicher Herrlichkeit; die dort weilende Familie des Grafen Bentheim-Steinfurt durfte aber den Satz, daß das Schicksal, sei es gut oder böse, sei es flatterhaft oder beständig, nichts auf die Seele des weisen Menschen vermöge, mit dem vollsten Recht für sich in Anspruch nehmen.

Das Städtchen Burgsteinfurt war nunmehro der Hauptort eines Arrondissements im Departement der Lippe des Französischen Kaiserreichs. Es war der Sitz eines Unterpräfecten und eines Arrondissements-Raths, so wie eines Tribunals erster Instanz und eines Maire und eines Friedensrichters für Ortsverwaltung und Rechtspflege. Allein diese Behörden und das dazu gehörige Beamtenpersonal konnte dem Gewerbstande der kleinen Stadt das nicht ersetzen, was ihm die Hofhaltung des Grafen gewährt hatte. Zwar herrschte noch immer die alte holländische Reinlichkeit, allein an die Stelle der Behaglichkeit, die sonst aus allen Gesichtern hervorgeleuchtet hatte, war Trübsinn getreten, der in Sorglosigkeit, ja in Stumpfsinn auszuarten drohte.

Das war Burgsteinfurt im Jahre 1811! Dasselbe Bild zeigte die Stadt im darauf folgenden Jahre, als der Wallfahrer sie in amtlichen Verrichtungen von Lahr aus besuchte. Zuletzt war er in Burgsteinfurt etwa 8 Tage nach dem 18. October 1813! Seit der Zeit hat er es nicht wieder gesehen!

Varnhagen: Steinfurt und das Bagno 1810

Varnhagen[65] war 1809 als Freiwilliger in das österreichische Heer getreten und hatte unter dem damaligen Obersten, späteren Feldmarschall-Leutnant, Grafen Wilhelm von Bentheim (1782-1839), dem zweiten Sohne des Grafen Ludwig, bei Aspern und Wagram gefochten. Nachdem er von einer schweren, in der Schlacht bei Wagram erhaltenen Wunde wiederhergestellt worden war, wurde er Adjutant seines Obersten und von diesem im April 1810 als Vertrauter und Bevollmächtigter in einer privaten Angelegenheit an seinen Bruder, den Erbgrafen Alexis, nach Steinfurt gesandt (Denkwürdigkeiten VII. S. 27, 38f.). Er reiste über Halle, Kassel und Münster und spürte überall die demoralisierenden Wirkungen der französischen Fremdherrschaft.

„Aller Spannung aber zwischen Fremden und Deutschen fühlt' ich mich auf Stelle frei, als ich in Steinfurt angekommen war. Hier war kein Franzose, keine französische Behörde; einer der reichsten und angesehensten Einwohner, Doktor Houth, war als Maire eingesetzt, aber der wohlmeinende Mann übte sein Amt sehr bescheiden, und weit entfernt, als Ortsobrigkeit sich über die gräfliche Familie zu erheben, unterwarf er sein Ansehen dem ihrigen und verehrte in ihr die rechtmäßige Landesherrschaft. Aehnlichen Sinnes waren mehr oder minder alle Einwohner, und bei dem stillen Leben und den wenigen Verbindungen dieser Gegend fand man sich in der kleinen Stadt fast außer dem Bereiche der politischen Einflüsse."

Die gräfliche Familie, bestehend aus der Fürstin, dem Erbgrafen und dessen Schwestern Charlotte und Sophie, machte auf den Vielgereisten einen vortrefflichen Eindruck.

„Eine edlere, liebenswürdigere, im schönsten Sinne deutschere Familie konnte man nicht sehen. Der Aufenthalt war reizend durch die herrlichen Gartenanlagen, Bagno genannt, die man im schönsten Frühlingswetter genoß. Leider durfte hier mein Verweilen nur kurz sein; die Geschäfte waren schnell erledigt, und nur mit geringem Erfolg."

Am 4. Mai trat Varnhagen die Rückreise nach Prag an. Im Juni 1810 begleitete er seinen Obersten nach Paris, sah hier Napoleon auf der Höhe seiner Macht und lernte auch den Grafen Ludwig persönlich kennen. Von Paris aus reisten Graf Wilhelm und sein Adjutant nach Steinfurt, wo sie am 16. September eintrafen und bis Ende Januar 1811 verweilten. Über diesen Aufenthalt in Steinfurt berichtet Varnhagen in seinen Denkwürdigkeiten Bd. II. S. 241-249, 255, 262 folgendes.

Im Frühjahr, als ich Steinfurt von Böhmen aus besuchte, hatte ich mir nicht träumen lassen, daß ich im Herbste wiederum dort einsprechen würde, und zwar von der entgegengesetzten Seite.

Steinfurt, oder Burgsteinfurt, wie der Name eigentlich heißt, bis dahin der Hauptort der gleichnamigen Grafschaft, war jetzt ein französisches Städtchen, das seinen Maire hatte, dem die frühere Landesherrschaft eigentlich wie die übrigen Einwohner untergeordnet war. Allein die willkürliche Verfügung hatte die tausendfachen Sach- und Namensbezüge des auf Jahrhunderte gegründeten früheren Zustandes so plötzlich nicht umwandeln können, dieser frühere Zustand war in allem, was das Oertliche betraf, nach wie vor in ungestörter Wirksamkeit, und für den Anschein keine Veränderung merklich, als daß die gräfliche Leib- und Schloßwache von 50 Mann, welche ehemals bewaffnet und von einem Hauptmann befehligt waren, jetzt ohne Waffen und ohne Offizier, aber doch in ihrer rothen Montur, ihren Dienst versahen.

Die gräfliche Familie bewohnte das dicht an der Stadt liegende, von dem kleinen Fluß Aa rings umgebene und ehemals wohlbefestigte Schloß, auf dessen einer Seite der große, prächtige, von dem regierenden Grafen mit eifriger Liebhaberei und ungeheuern Kosten angelegte, weit und breit berühmte Lustpark, Bagno genannt, sich über einen bedeutenden Raum erstreckte, der mit herrlichsten großartigen Spaziergängen, See- und Waldstrekken, mächtigen Wasserfällen und Springbrunnen, aber auch mit Grotten, Tempeln, Sälen, Kiosken, Moscheen und so weiter, überall erfüllt war, und in letzterer Hinsicht den Geschmack einer vergangenen Zeit nicht allzu günstig darstellte. Alles war zum Schauplatz eines reichen und feierlichen Hoflebens eingerichtet, zu großen Festlichkeiten, bei welchen die Pracht und Herrlichkeit des Gebieters zur vollen Erscheinung kommen sollte; ein großer Saal war eigens für die Konzerte erbaut, welche von der Kapelle des Grafen aufgeführt wurden, und in denen neben seinen wohlbesoldeten, aus Italien mit großen Kosten verschriebenen Kammersängern, auch er selbst bisweilen sich auf der Flöte hören ließ, die ihm zu solchem Behuf ein Edeldiener auf seidnem Kissen darzubieten hatte; es fehlte nicht an geräumigen Tanz- und Speisesälen, nicht an schicklichen Räumen, wo ein Holzirkel gehalten und die Vorstellung anwesender Fremden mit gehöriger Feierlichkeit geschehen konnte; in einer Bucht des See's lagen geschmückte Prachtschiffe bereit, um sowohl die Herrschaft und etwaige vornehme Gäste als auch begleitende Janitscharenmusik, in langsamer Prunkfahrt umherzuführen; an anderer Stelle stieß man auf ein ungeheures Schachbrett im Freien, wo die Spieler zwei entgegengesetzte Bühnen bestiegen, und von da aus die bestellten Diener anwiesen, die mächtigen Figuren auf die bestimmten Felder hinzurücken; an hohen Tagen, wo die Wasserfälle stürzten, und die Springbrunnen ihre Strahlen bis über hundert Fuß hoch trieben, durften die Einwohner von Steinfurt und der Umgegend denen von Versailles kaum nachzustehen glauben.

Der regierende Graf liebte nach alter Weise, durch solche Außerordentlichkeiten einen hohen Begriff von der Stellung und Macht zu geben, denen so Staunenswerthes möglich war, und er selber fühlte sich so sehr als Mittelpunkt eigner Selbstständigkeit, daß er darüber den wirklichen Umfang derselben fast zu vergessen schien. Nicht nur, daß er Hofstaat und Leibwachen und Beamte und Dienerschaft jeder Art in möglichst großer Menge hatte, er war auch bedacht, in allgemeineren Bezügen Land und Unterthanen in einer Art von Staatshäuslichkeit zu befriedigen. Er hatte Gemählde, Münzen, Bildwerke, Alterthümer und Bücher in einem eigens erbauten Kunsthause vereinigt; er sandte eingeborne Jünglinge, die einige Anlage verriethen, zu ihrer Ausbildung auf Reisen oder auf die Universität, mit dem Beding, ihre erworbene Geschicklichkeit künftig im Vaterlande, daß heißt im herrschaftlichen Gebiete des Grafen, auszuüben; er ging damit um, eine Verfügung zu erlassen, daß niemand im Lande ein Amt erhalten solle, der nicht seine Vorbereitungsstudien auf der Schule zu Steinfurt gemacht haben.

So sehr klein war das Gebiet doch nicht; der Graf hatte zu der Grafschaft Steinfurt die beträchtlichere Bentheim ererbt, und weil dieselbe an Hannover von dem letzteren Besitzer verpfändet war, sogleich die Einlösung zu bewirken gesucht, welche jedoch erst durch Frankreich zu Stande kam, indem Napoleon in die Rechte Hannovers getreten zu sein behauptet, und die Lösungssumme für sich einzog; der Graf besaß ferner die Herrschaft Alpen am Niederrhein, in Holland die Herrschaft Batenburg und einen Zoll an der Maas. Bei allem Aufwand war er zugleich ein strenger Haushalter und seinen Vorbildern auch darin ähnlich, daß er einen baaren Schatz gesammelt hatte. Sein begründeter Wohlstand und sein strebendes Ansehn hatten in der That so günstig für ihn gewirkt, daß bei der Auflösung des deutschen Reichs, als den vormaligen Reichsunmittelbaren nur zweierlei Loose blieben, entweder zur Oberherrlichkeit erhöht in den Rheinbund zu treten, oder zu Unterthanen solcher Begünstigten hinabgedrückt zu werden, es sich in der Meinung sehr natürlich darbot, dem Grafen von Bentheim könne nur das erstere Loos beschieden sein. Die Eröffnungen hierzu von Seiten Frankreichs hatten wirklich Statt gefunden, Verhandlungen mit dem Minister Talleyrand waren dem Abschlusse nah, Karten des künftigen, durch zu mediatisirende Nachbarn sehr vergrößerten Gebietes waren schon gezeichnet, die Oberherrlichkeit des Grafen so gut wie anerkannt, als plötzlich eine andre Ansicht in Paris alles bisher Eingeleitete verwarf, und diese Verhältnisse in drückender Unsicherheit stokken ließ. Der Graf war sogleich nach Paris gereist, um seine Gerechtsame zu vertheidigen, seine Ansprüche geltend zu machen. Hier wurde er am Hofe Napoleon's mit allen Ehren aufgenommen, und persönlich als ein regierender Herr behandelt, während seine sachlichen Ansprüche immer weniger Rücksicht erfuhren, und die französischen Behörden in seinem Lande immer entschiedener eingriffen. Je ungünstiger seine Verhältnisse daheim sich stellten, je weniger mochte der Graf zurückkehren, sondern blieb in Paris, als dem einzigen Orte, wo er noch als regierend galt, und wo er Hoffnung hatte, es auch wieder zu werden.

In dieser Lage hatten wir ihn dort gefunden, reklamirend, protestirend, sollizitirend, Napoleon und seine Minister bei jeder Gelegenheit angehend, in Förmlichkeiten genau und sich nichts vergebend, sonst aber höchst eingezogen und sparsam in seiner Lebensweise. Er hatte den ehemals allgemeinen Gebrauch beibehalten, rothe Absätze an den Schuhen zu haben, und zog dadurch, und durch andre nicht mehr übliche Vornehmheit in Haltung und Ausschmückung seiner Person, die Blicke auf sich, wenn er im Garten des Palais-Royal sparzieren ging, und sein Sekretair ihm voranschreiten mußte; allein das Lächeln hierüber schwand in Vergessenheit, sobald man ihn sprach und näher kannte; man fand einen einsichtsvollen, wohlunterrichteten und in seiner Sphäre höchst gebildeten und gewandten Herrn, dessen Verstand und Urtheil auch Napoleon selbst alle Gerechtigkeit widerfahren ließ. Auf solchem Fuß blieb er in Paris viele Jahre, während er daheim stets ungünstiger zu stehen kam, erst als Mediatisirter dem Großherzogthum Berg unterworfen, und zuletzt gar mit Frankreich einverleibt wurde, da er denn, weil Unterthan des französischen Kaisers keine andern Titel haben konnte, als welche dieser ihm verliehen oder bestätigt hatte, nunmehr staatsbürgerlich mit jedem seine ehemaligen Unterthanen gleichgesetzt war. Unverdrossen harrte er in Paris auf Herstellung oder Entschädigung, bis er endlich den Sturz Napoleon's erlebte, und darauf späterhin, unter ganz veränderten Verhältnissen, hergestellt in bedeutende Gerechtsame und für andere auch die Fürstenwürde entschädigt, in die Heimath zurückkehrte.

Damals aber, als wir von Paris in Steinfurt angekommen waren, lag eine solche Wendung der Dinge fast außer dem Bereiche jeder Hoffnung. Die gräfliche Familie hatte sich, in Erwartung einstiger Wiederkunft ihres Hauptes, mit den obwaltenden Verhältnissen leidlich eingerichtet, und führte unter dem Druck und der Einschränkung, welche mehr den Stand des Hauses im Allgemeinen trafen, aber den einzelnen Mitgliedern kaum fühlbar wurden, ein heitres, vergnügtes Leben. Die Mutter, eine geborne Herzogin von Holstein-Glücksburg, vereinigte mit dem lebhaften Bewußtsein ihres Ranges ein menschenfreundliches Wohlwollen und eine muntere Regsamkeit, wodurch ihre Gegenwart auch den jüngern Personen lieb und werth wurde. Der Erbgraf Alexis, einfach und verständig, die Weltbewegungen mit hellem Sinn und in dem Lichte der neuern Zeit betrachtend, stand durch biedre Rechtschaffenheit und leutselige Güte in allgemeiner Achtung; für die jüngern Geschwister sorgte er mit mehr als brüderlicher, mit väterlicher Liebe. Eine ältere Schwester, Fürstin von Solms-Lich, schon in jungen Jahren verwittwet, befand sich mit ihren vier Söhnen zum Besuch anwesend; zwei jüngere Schwestern, ausgezeichnet durch Bildung, Herzensgüte, Schönheit, waren noch unverheirathet zu Hause. Ein jüngerer Bruder, in dänischen Kriegsdiensten angestellt, wurde von Kopenhagen erwartet. Jüngere und ältere Gesellschaft bot die Stadt und Umgegend gar nicht sparsam dar: das Hofleben hatte sich allmählig in ein geselliges bequemes Landleben herabgestimmt, und die Annehmlichkeit und Befriedigung aller Theilnehmenden dabei nur gewonnen. Selbst die Wirthschaftssorge trat als willkommene Thätigkeit in die Vergnügungen des Tages, und bildete freilich einen wunderlichen Gegensatz mit manchen noch beibehaltenen feierlichen Formen; die ausgeschmückten Trompeter, welche im Schloßhofe regelmäßig zur Mittags- und Abendmahlzeit blasend einluden, riefen freilich manchmal die Hofdamen von der Besorgung der welschen Hühner, den Kanzleirath von der Einzählung der Baumfrüchte ab, doch wurde selbst dies nur ein Anlaß heitern Scherzes, und erhöhte das Bewußtsein, wie frei man sich in solch unentschiednen Zuständen aller beengenden Rücksichten entäußere. Der feste Grund innere Würde und edler Gesinnung konnte in dieser trefflichen Familie niemals wanken, mochte sie in den stolzen Ansprüchen eines regierenden Hauses oder in den bescheidenen einer Gutsherrschaft erscheinen!

Einige Jahre vor mir hatte Justus Gruner als junger Gelehrter in Steinfurt eingesprochen, und in seiner nachher gedruckten Reisebeschreibung sowohl das Leben als die Personen umständlich geschildert; ich fand alles noch ziemlich in demselben Stande, wie er es beschrieben, und mußte besonders in das Lob einstimmen, welches er den gräflichen Damen ertheilte, wiewohl ich dasselbe weder so schwungvoll noch so empfindsam ausgedrückt haben würde, als Gruner, der sich dieser schon damals veralteten Art noch zu guter letzt mit allem Eifer hingegeben hatte. Die Damen waren wohl anfangs etwas betroffen, ihre Erscheinung, Vorzüge, Aeußerungen und nebenher so manches Unerhebliche, öffentlich besprochen zu sehen, allein die beseelte Anerkennung und fast leidenschaftliche Verehrung, die der junge Enthusiast ausdrückte, besonders wenn er die herrlichen Gesangstimmen pries, die ihn hier entzückt hatten, erwarben ihm Verzeihung für eine Dreistigkeit, welche offenbar aus bester Meinung hervorging. In der That war sowohl die Fürstin von Solms-Lich, als ihre beiden jüngeren Schwestern, mit großartiger, durch besten italiänischen Unterricht zu höchster Meisterschaft ausgebildeter Stimme begabt, deren mächtige Wirkung mit so vielem andern Zauber vereint den Hörer unwiderstehlich hinreißen mußte.

Das gesellige Leben auf dem Schlosse war anziehend und genußreich; das Bagno bot den täglichen Spazirgängen hinreichende Abwechselung, auch Fahrten in die Nachbarschaft wurden unternommen; der Austausch von Meinungen und Erzählungen war lebhaft, Ernst und Munterkeit fanden unerschöpflichen Stoff. Der Sonntag war nach alter Sitte eine Art Hoftag, die gräflichen Beamten wurden zur Tafel gezogen, die angesehensten Herren und Frauen des Städtchens für den Nachmittag und Abend eingeladen. Dann erschien auch regelmäßig der Maire, ein reicher Arzt Doktor Houth, der früher in Holland sein Glück gemacht und darauf der Praxis überdrüssig hierher sich zurückgezogen hatte, in bequemem Hause und schönem Garten genoß er nach seinem Sinne ruhige Tage, die er durch das ihm auferlegte Amt ungern unterbrochen sah. Er hatte große Kenntnisse, studierte noch immer weiter, liebte Gemählde und Musik, und war durch Denkart und Geschmack ganz dem Schloß ergeben, wo man hinwieder die freiwillige Unterordnung und Dienstwilligkeit eines Mannes, der durch sein Amt unendliche Vexationen ausüben konnte, dankbar zu schätzen wußte.

Noch vor Eintritt des Winters kehrte die Fürstin von Solms-Lich mit ihren vier Söhnen nach Wetterau zurück, und die Gesellschaft in Steinfurt wurde merklich einfacher und stiller. Die nasse Witterung erlaubte weniger, im Freien zu sein, und man sah sich auf die Hülfsquellen winterlicher Unterhaltung beschränkt.

Der Frost und Schnee des Winters eröffneten neue Vergnügungen; das Bagno wurde fleißig gesucht, und die Eisdecke des See's zum Schlittschuhlaufen benutzt, woran auch die Damen mit größtem Erfolg Theil nahmen, und wobei man bekennen mußte, daß für die Schönheit und Grazie der Erscheinung wohl keine andre Uebung diesem schwebenden Wandeln den Preis streitig machen kann. Dem Winterleben durften einige Bälle, Musik, Vorlesungen, und selbst kleine dramatische Ergötzlichkeiten nicht fehlen, welche letztere, ganz aus dem Stegreif und nur als Spiel des Augenblicks gehandelt, gerade hierin ihren Werth hatten.

Holländischer Besuch im Bagno 1843

So näherten wir[66)] uns dem berühmten Steinfurt, das, da es in einer Niederung liegt, nicht schon von weitem sichtbar ist und dadurch stark mit Bentheim kontrastiert, das aber, aus der Nähe gesehen, ein recht gefälliges Aussehen hat. Vor Steinfurt verließen wir unsern Wagen... und gingen zu Fuß durch ein häßliches Tor in die Bagnostadt nach dem Gasthause „Zur Sonne" des Herrn W. Prümers. Hier traten wir in das ziemlich hübsche Zimmer rechts vom Eingang ein, erquickten uns zunächst mit einer guten Tasse Kaffee und zogen dann nach dem Bagno in Gesellschaft von sieben Groninger Damen und Herren und unter der Führung eines alten langen Cicerone in braunem Rock, hohem, schmalrandigem Hute, weißem Tuch und von achtbaren Wesen, eines Mannes, der vom Fürsten speziell mit der Führung von Fremden beauftragt ist und dem deshalb auch die Schlüssel der verschiedenen Gebäude des Bagno anvertraut sind.

Eine ziemlich lange (!) Straße führte und von dem Hagentor in die Nähe des Fürstlichen Schlosses, das von einem Graben, in dem einige weiße Schwäne schwimmen, umgeben ist und von außen zwar nicht fürstlich aussieht, aber im Innern prächtig eingerichtet sein soll. Der Turm des Schlosses sah ziemlich gut aus. Links vom Tor erblickt man in einem raschfließenden Gewässer eine romantische, mit Bäumen bepflanzte Insel, die trotz der starken Strömung nicht kleiner wird. Dieser Bach treibt auch eine Kornmühle und hat hier ein Gefälle von acht Fuß. Am Eingange des Schlosses liegt die Wache, unter deren Tor eine Schildwache auf und ab ging. Dieser Posten trug einen Tschako mit dem Namenszuge des Fürsten auf einer kupfernen Platte, einen roten, schwarz abgesetzten Rock, ein weißes Koppel, eine schwarze, mit dem Bentheimschen Wappen gezierte Patrontasche und eine schwarze oder dunkelgraue Hose. Die Truppen des Fürsten sind 40 bis 50 Mann stark, von denen ein Detachement von elf Mann und einem Unteroffizier den Dienst auf dem Bentheimer Schlosse versieht, während zu Steinfurt täglich sechs Mann und ein Korporal auf Wache ziehen. Das Kommando ist einem Feldwebel anvertraut. Die meisten dieser Kriegsknechte, wenn nicht alle, sind verheiratet und arbeiten außerhalb ihrer Dienstzeit im Bagno oder verrichten andere Arbeiten für den Fürsten... Der Militärdienst zu Steinfurt ist natürlich weder mühsam noch gefährlich und gewährt ein ziemlich gutes Einkommen. Wir hörten aber, daß der Fürst dieses Korps nicht vollzählig erhält, sondern es aussterben läßt, rascher oder langsamer, je nachdem es den Parzen gefällt, den Lebensfaden der Helden abzuschneiden oder weiterzuspinnen.

In hochgespannter Erwartung betraten wir jetzt den so viel besprochenen und berühmten Lustgarten des Fürsten unter einer dunklen Allee herrlicher Buchen, und wir bekennen, daß viel Schönheit nötig war, um unsere Erwartung zu befriedigen. Das Bagno war, gerade wie wir es wünschten, nicht von einem ausgelassenen, lärmenden Volksgewühl erfüllt; es herrschte tiefe Stille, die unsern Sinn ernst stimmt und unsere Seele mit der Erhabenheit der uns umgebenden Natur in Harmonie bringt. Herrliche Gruppen von Pappeln, freundliche Tannen, schöne, mit prächtigen Blumenbeeten umgebene Ziersträucher, ausgedehnte Weiher, deren Oberfläche, wenn sie von keinem Winde bewegt wird, den goldenen Sonnenstrahl wiederspiegelt und, wenn ein sanfter Lufthauch darüberfährt, sich leise rauschend kräuselt; frische, grüne Rasenufer, die sich bis weit unter die Bäume hinziehen und durch ihre schönen und gefälligen Konturen von dem Geschmacke des Gartenkünstlers Zeugnis ablegen; zahllose gutgewählte Plätzchen, die einen herrlichen Blick auf Steinfurt oder auf die Vergänglichkeit predigende Ruine oder in dunkle Alleen gewährten... O, wer ein offenes Herz für die herrliche, liebliche Natur hat, der mäßige nicht aus Furcht vor Ent-

Detailansicht der Wassergrotte im Konzertsaal

täuschung seine Wünsche beim Eintritt in das Bagno: mehr, als er hofft oder vermutet, wird ihm dieser Ort der Seligkeit schenken. Wie beklagten wir es, daß wir nur so wenige Augenblicke in diesem Paradiese, inmitten dieser Wälder, Bosketts und Blumen verweilen durften! Wie gern wären wir nach der Roseninsel gerudert und wie glühend wünschten wir, einmal dann auf schaukelndem Kahne dorthin zu fahren, wenn der Morgentau wie Perlen und den halbgeöffneten Röschen schillert!

Auf breiten Pfaden, an herrlichen Wasserkünsten vorbei spazierten wir nach dem Fontänenteich hinter dem Speisesaal. Aus diesem Bassin erhob sich ein silberner Strahl einige Fuß hoch in die Luft, und seine niederfallenden Tropfen rauschten leise und ließen auf dem sonst ruhigen Wasserspiegel kleine Kreise entstehen, die einander spielend jagten und sich an dem Ufer versteckten.

Wir traten nun in den Speisesaal, der, überschattet von stolzen Baumgruppen, sehr stattlich aussieht und mit seinen beiden Krüppeltürmen einen orientalischen Eindruck macht. Er ist gut im Stande gehalten und geschmackvoll ausgeführt; nur der Plafond verrät keine Meisterhand in der Malerei... Schräg gegenüber dem Speisesaal liegt der Konzertsaal, der in der Tat prächtig ist und um den manche holländische Stadt das Bagno beneiden darf. In italienischem Stil erbaut, ist er ungefähr 100 Fuß lang und 40 Fuß breit. Allerlei geschmackvolle Figuren zieren die Wände, während Glaskronen und verschiedene Lüster an Festabenden ein Licht verheißen, das, durch große Spiegel zurückgeworfen, gewiß eine herrliche Wirkung gibt. Am oberen Ende des Saales steht Apollo mit der Harfe auf einem Sokkel, der zugleich als Ofen dient, während am untern Ende eine Nische angebracht ist, deren Wände mit Korallen und Muscheln und dazwischen hervorlugenden Köpfen von Wasservögeln verziert sind. Ein Mannskopf mit geöffnetem Munde überschaut das Ganze; ferner entdeckt man auch zwei Delphine und auf dem Boden einige Frösche aus Blei. Wenn man nun diese wunderliche und fremdartige Nische hinreichend besehen hat, verschwindet der Cicerone und öffnet den verborgenen Hahn einer Wasserleitung: dann speit alles an der Nische, was nur einen Mund hat, und sogar die bleiernen Frösche tun ihr Bestes und speien Wasserstrahlen.

Die Groninger hatten Eile, und so wurden wir ganz gegen unsern Wunsch als ihr Nachtrab mitgeschleppt zu dem Kirchlein[67], das einfach, aber schön und für Herz und Auge zugleich bemerkenswert ist. Feith, der geliebte Sänger der Religion und der Liebe, der mit der Freundschaft des Vaters des Fürsten Alexis beehrt war und oftmals das Bagno besuchte, schrieb die folgenden Verse über dem Eingang der Kirche:

> O Stervling, wie gij zijt, kan u natuur bekoren,
> Kniel in dit heiligdom voor uwen Schepper neer,
> Hij die 't heelal vervult, wil hier uw lofzang hooren,
> Mar kies uw edel hart ten tempel van Zijne eer[68]

während über dem andern Eingange der große Sänger der Messiade[69] in erhabener, des heiligen Ortes vollkommen würdiger Prosa den Besucher also anredet:

> „Vom Werthe der heiligen Stunden hingerissen durchschauere euch
> ein mächtiges Gefühl des ewigen Lebens; zählt hier die besseren
> Minuten tief anbetend, und krönet sie dann mit Thaten der Seele."

Nach der Kirche besuchten wir das Belvedere, das auf einer Insel gelegen seine graue Krone aus dem dichten Laube von Bäumen und Gesträuch erhebt und einen herrlichen Rundblick über das Bagno gestattet.[70] Einige schmucke kleine Boote lagen am Ufer; in einem derselben fuhren wir hinüber, nachdem wir von den Groningern Abschied genommen hatten. Auch unser Führer, dem wir ein Trinkgeld nach unserm Ermessen gegeben hatten, verließ uns und schloß sich hierin, wie die meisten Menschen tun, dem Willen der Mehrheit an, in der Erwägung, daß zehn Groninger ein größeres Trinkgeld als drei Drenther geben würden.

Eine Kahnpartie auf dem Bagnosee um 1900

Ein Fischerjunge nahm die Ruder eines Bootes und brachte uns zu der Insel. Erst gingen wir durch eine Grotte, dann stiegen wir Steintreppen hinauf und genossen dort geraume Zeit die schönste Aussicht auf den Park. Dann gingen wir hinunter und besuchten ein Zimmer, das einem Fischerboote gleicht.[71] Seine Wände zeigen allerlei Wassertiere aus Perlmutter, und im Fußboden sieht man eine Badewanne. Die Ruine selbst ist eine Art Album. Hier stehen die Namen von Tausenden, die diesen Lustort besuchten, angeschrieben...

Die Zeit, die wir uns zur Besichtigung des Bagno gesetzt hatten, war verstrichen. Wir treten deshalb auch nicht in eine genaue Beschreibung dieses Lustparks ein; vieles hat er mit andern Parks gemein, aber das Ganze wirkt eindrucksvoll und großartig und findet selten seinesgleichen. Fortwährend blieben wir auf dem Rückwege noch einmal stehen, um von neuem das stolze Bagno zu bewundern, und ein Gefühl der Dankbarkeit stieg in unsern Herzen auf gegen den wohlwollenden Fürsten, der jedem die unbeschränkteste Freiheit gewährt, sich hier an den Wundern der Natur und Kunst zu erfreuen. Niemand verlasse das herrliche Bagno, ohne still seine Huldigung dem Fürsten dargebracht zu haben, dessen Leutseligkeit allgemein gerühmt wird, dessen Sinn und Geschmack für Natur und Kunst sich hier so herrlich offenbart und der nicht müde wird, viel für das Vergnügen und den Vorteil seiner Unterthanen zu tun...

Inzwischen hatten wir uns dem Eingange zum Bagno genähert, und mit einem gewissen Bedauern ließen wir unser Auge noch zum letzten Male auf dem lieblichen Orte ruhen, dem wir mit einigen Versen Victor Hugos Lebewohl zuriefen. Dicht bei der Hagenpforte befindet sich das fürstliche Kunsthaus. Dies Museum ist ein für Steinfurt recht ansehnliches Gebäude, aber es hat nicht Platz genug für die zahllosen Gegenstände, die sich hier aufgehäuft finden.[72]

Ganz angetan von dem Bagno und dem Museum kamen wir nach unserm Gasthofe zurück. Herr Prümers, mit dem wir ausführlich über das Bagno und seinen hohen Besitzer sprachen, war unerschöpflich im Lobe des Fürsten, und wir glauben gern, daß seine Lobsprüche nicht übertrieben waren. Der schöne Park ist des Fürsten Augapfel; auf ihn verwendet er seine ganze Sorge und spart weder Mühe noch Kosten, wie ansehnlich diese auch sein mögen, um alles auf der Höhe der Zeit zu erhalten und die geschmackvollsten Verbesserungen und Veränderungen anzubringen. Für seine Person lebt der Fürst sehr still und häuslich, ohne äußeren Prunk zu zeigen. Er besucht selten öffentliche Vergnügungen, ist aber sonst sehr leutselig und zuvorkommend gegen jeden, der ihm naht, und unterhält sich oft mit den Fremden, die im Bagno lustwandeln.[73]

Steinfurt wird jährlich sehr stark von Fremden besucht… Das Gasthaus zur Sonne nimmt jährlich wohl tausend Fremde, einschließlich der Geschäftsreisenden, auf. Kein Wunder, daß so viel Besuch einen günstigen Einfluß auf die Wohlfahrt der Einwohner ausübt. Und welche günstige Vorstellung erhält man bei alledem nicht von dem geselligen Verkehr in dem Orte, wo Natur und Kunst einander so schwesterlich die Hand reichen und das Füllhorn ihrer besten Gaben so reichlich ausschütten!

Das Bagno 1903

Unter den fremdländischen Namen, die deutsche Fürsten im 18. Jahrhundert den von ihnen errichteten Lustschlössern und Lustgärten beizulegen liebten, wie Sanssouci, Favorite, Solitude, Monbijou, Belvedere u. a., fällt keiner so sehr auf wie die Bezeichnung Bagno, die der Reichsgraf Karl Paul Ernst von Bentheim-Steinfurt für den von ihm in der Nähe seines Schlosses zu Burgsteinfurt angelegten Park gewählt hat.

Es ist wahrlich ein sonderbarer Name, bei dessen Klange in unserer Seele zunächst schaurige Erinnerungen aufsteigen an jene berüchtigten Strafanstalten Frankreichs im 18. Jahrhundert, die nach einem Sklavengefängnis bei den Bädern des Serails in Konstantinopel benannten Bagnos von Toulon und Brest, in denen nicht nur schwere Verbrecher, sondern auch viele um ihrer religiösen oder politischen Meinungen willen eingekerkte Opfer des Despotismus gebrandmarkt und an Ketten und Kanonenkugeln geschmiedet bei schwerer Arbeit und kümmerlicher Nahrung ein unsäglich trauriges Dasein dahinschleppten! Wie konnte nur einer Stätte heiteren Lebensgenusses, einem Parke, der, Reize der Natur und der Kunst mit einander vereinigend, frohen Menschen Erholung und Ergötzung zu bieten bestimmt war, solch ein unheilverkündender Name beigelegt werden?

Ohne Zweifel hat der Begründer des Steinfurter Parks, Graf Karl, bei der Wahl des Namens für seinen Lustgarten nicht im entferntesten an das dem Worte Bagno anhaftende Odium gedacht, sondern es hat ihm dabei die ursprüngliche Bedeutung des Wortes Bagno (lat. balneum, franz. bain, Bad) vorgeschwebt und er wollte durch die von ihm gewählte Bezeichnung als Zweck seiner Gartenanlage, zu der auch ein Badehaus und später ein Marmorbad gehörten, die Erholung und Pflege der Gesundheit hinstellen.[74]...

Das Bagno liegt bis auf den Ostrand und zwei Enklaven (die zur Bauerschaft Ostendorf gehörigen Bauernhöfe Spenneberg und Bergmann), in der Bauerschaft Hollich und bildet einen kleinen Teil des uralten, 800 ha bedeckenden und aus Buchen und Eichen bestehenden Hochwaldes, der fast das ganze Gelände zwischen Burgsteinfurt und dem 4,5 km östlich davon gelegenen lebhaften Industrieort Borghorst einnimmt und sich in dieser west-östlichen Richtung ungefähr 4 km, in nordsüdlicher Richtung zwischen der Steinfurter Aa und dem Hollicher Esch etwa 3 km weit erstreckt. Schon im Jahre 1352 wird dieser Wald in einer Steinfurter Urkunde[75] unter dem Namen Sundern als Eigentum der Edlen von Steinfurt und später auch als Hagen (indago, Hain) erwähnt. Der Name der ehemaligen Hagenpforte zwischen dem Schlosse und der Obermühle sowie die noch heute übliche Bezeichnung Vorsundern für den nördlich der Borghorster Landstraße gelegenen größeren Teil des Waldes rühren daher. Unter Sundern ist ein Wald zu verstehen, der in den Tagen grauer Vorzeit von den Markgenossen für den Besitzer des Haupthofes als ihren erblichen Markenrichter und Hauptmann aus der gemeinen Mark ausgesondert worden war und in dem kein Holz gefällt werden durfte.[76] Von diesem großen Walde nun heißt der etwa 125 ha umfassende südwestliche Teil, welcher zwischen der Aa, der erst 1846 erbauten Borghorster Landstraße und dem von dieser Chaussee nach der Bohrmühlenbrücke bei Drunkenmölle an der Aa führenden Forstwege liegt, das Bagno.[77]

Der Hauptweg zum Bagno trennt sich unmittelbar hinter der Obermühlenbrücke rechts von der erst vor 60 Jahren erbauten Landstraße nach Borghorst und führt geradeaus durch weite, zum Teil mit Baumgruppen bestandene Wiesenflächen (an dem schon seit 1763, also vor der Anlegung des Parks, hier vorhanden gewesenen alten Judenkirchhofe vorbei) zur Breiten oder Großen Allee, die von doppelten Kastanienreihen gebildet wird und nach

Der Bootsanleger am Bagnosee um 1930

Damals wie heute lockte eine Bootspartie um die Inseln

Der Konzertsaal in den 30er Jahren

links einen hübschen Ausblick auf die nördliche Vorstadt mit dem Lehrerinnen-Seminar, nach rechts einen Blick auf den im ehemaligen Tiergarten gelegenen Gymnasial-Turnplatz bietet. Bald erreichen wir den Rand des Hochwaldes und wandern nun im Schatten hochragender Buchen weiter in der Dunklen Allee, von welcher aus der zweite Seitenweg rechts zu der dicksten Eiche des Waldes führt. Auf der linken Seite der Allee, kurz vor der Bagnowirtschaft erinnern die in die Rinde einer stattlichen Buche eingeschnittenen Initialen J. B. (Fürstin Juliane von Bentheim und Jean Baptiste Jules Bernadotte) an das glänzende Fest, welches am 29. September 1804 zu Ehren des französischen Marschalls Bernadotte, des späteren Königs von Schweden, veranstaltet wurde.

Wir gelangen nun zu einer weiten Lichtung und erblicken links die von riesenhaften Bäumen umrahmte Bagnowirtschaft (jetziger Pächter Buck) und rechts hinter einer großen Rasenfläche die 1806 erbaute und später durch Flügelanbauten nicht eben verschönerte Wache, welche jetzt im Sommer bei festlichen Gelegenheiten als Tanzsaal benutzt wird. Zwischen diesen beiden Gebäuden befindet sich unter dem schützenden Laubdache der prächtigsten hundertjährigen Buchen ein großer, mit Tischen, Bänken und Stühlen reichlich versehener Platz, der den Gästen der Bagnowirtschaft besonders zur Zeit der Sommerkonzerte einen geradeaus idealen Aufenthalt bietet. Außer dem Pavillon Hawickerwert neben der Wirtschaft waren früher noch drei gleichartige Pavillons (Batenburg, Alpen und Ravenhorst) vorhanden; ihre Standorte lassen sich noch jetzt an den Lücken in den mächtigen Baumreihen, welche das hinter dem Konzertplatze gelegene Rasenviereck umgeben, leicht erkennen.

Von dem Pavillon führt nach links ein hübscher Waldweg zu dem Süßen Brünnchen, einer von den Überresten eines ehemaligen römischen Grottentempels umschlossenen Quelle. Das hier hervorquellende Bächlein erweitert sich bald flußartig und bildet scheinbar den großen See, dessen schimmernde, ringsum von Hochwaldpracht umrahmte Wasserfläche

114

Starker Baumwuchs läßt die künstliche Ruine auf diesem Bild aus den 30er Jahren nicht erkennen

wir erblicken, wenn wir nach der Rückkehr von der Quelle die Hauptallee weiter verfolgen und die Lange Brücke überschreiten. Der Weg geht nun in einen weiten Platz über; links zeigt sich der Kiosk mit seinen beiden russischen Türmen, rechts der Konzertsaal. Der erstere enthält in seiner Mitte einen niedlichen Saal, dessen Wände Basreliefs mit Darstellungen aus der Geschichte Hermanns des Cheruskers schmücken; der Saal diente früher, solange das Bagno Sommerresidenz war, als Speisesaal, während die dahinter liegenden kleinen Schlafkabinette für das Gefolge und die Gäste der Herrschaft bestimmt waren. Der Konzertsaal oder die Gallerie hat die früher das Dach verdeckende Säulengallerie mit den darauf stehenden 12 Figuren und 12 Vasen längst eingebüßt, zeigt aber im Innern noch ganz die alte Rokoko-Dekoration der Wände und auf seiner südöstlichen Schmalseite die Muschelgrotte mit den wasserspeienden Delphinen. Gegenwärtig öffnen sich seine Pforten nur noch an dem Tage, der den Höhepunkt der Sommersaison des Bagno bezeichnet, nämlich dann, wenn der Burgsteinfurter Chorgesangverein unter der Mitwirkung bewährter auswärtiger Kräfte sein vielbesuchtes Konzert veranstaltet.

Da, wo sich jetzt vom Konzertsaal bis zur Borghorster Landstraße ein unansehnlicher Wiesengrund erstreckt, war früher der wirkungsvoll dekorierte Hauptplatz der Bagno-Anlagen. Von all dem Glanz ist die Moschee zwischen dem Kiosk und der Quelle, ebenso das Chinesische Palais, die Sommerresidenz der Grafen, samt der gegenüberliegenden, im Schweizerhausstile erbauten Bagnoküche, an deren Stelle 1892 das Forsthaus getreten ist; nur der Teich der vom Buchenberg her gespeisten Kleinen Fontaine erinnert noch an die vergangene Pracht.

Höchst genußreich ist ein Spaziergang auf dem Waldwege, der die Fortsetzung der Hauptallee bildet und nach 2 km in die Borghorster Chaussee einmündet. Da wir aber hiermit

Die Knüppelbrücke

das eigentliche Bagno verlassen würden, so wenden wir uns lieber bei dem Konzertsaale nach rechts, bewundern die gewaltige natürliche Laube, welche hinter dem Konzertsaale durch die in der Erde festgewachsenen, herabhängenden unteren Äste einer imposanten Buchengruppe gebildet wird, und gehen dann im Schatten majestätischer Baumriesen an dem Südufer des Sees entlang. Einige Schritte nach links, in der Höhe der Roseninsel, bringen uns an eine runde Lichtung, in der früher das Marmorbad und seit 1792 die Bagnokirche oder die Kapelle gestanden hat.

Auf sanft ansteigendem Wege gelangen wir dann zur Kettenbrücke, die uns über einen Arm des Sees auf die Kettenbrückeninsel oder Arioninsel und den künstlich aufgeschütteten Arionsberg führt. Auf diesem Berge stand ehemals das mit buntfarbigen Muscheln verzierte große Schiff des Arion, von dessen 65 Fuß hoher Mastspitze ein Wasserfall hinabstürzte, um weiterhin über künstliche Felsen hinwegzuschäumen und jenseits der jetzigen Kettenbrücke eine Reihe von 16 Kaskaden von 1-2 Fuß Höhe, 6 Fuß Breite und im ganzen 310 Fuß Länge zu bilden. Am andern Ende der Arioninsel liegt die mit einem Geländer aus geschälten Eichenästen versehene Knüppelbrücke, von der aus man den schönsten Gesamtüberblick über den an dieser Stelle besonders breiten, von Wäldern und Wiesen umschlossenen und durch hügelige, schönbewaldete Inseln, durch Kähne und Schwäne belebten See genießt.

Der See ist der Hauptschmuck des Bagno; er ist 550 m lang und (ohne den die Arioninsel umschließenden Arm) bis 180 m breit, durchschnittlich 1 m tief und hat (ohne die Inseln) einen Flächeninhalt von 21 Morgen oder 5,37 ha. Schön ist es, im Sommer auf den klaren Fluten des Sees eine Ruderfahrt nach den zum Teil von Seerosen umgebenen Inseln zu unternehmen; schöner noch, im Winter auf der unvergleichlichen, durch den Wald gegen

Basar des Chor-Gesangvereins vor dem Kiosk im Bagno (1900)

rauhe Winde geschützten Eisfläche sich als Schlittschuhläufer zu tummeln oder dem bunt-bewegten Leben und Treiben auf dem Eise zuzuschauen. Die fünf Inseln des Sees heißen nach den alten Plänen und Katasterangaben: 1. die Kettenbrückeninsel oder Arioninsel; 2. die Turminsel (Ruineninsel); 3. die Rotundeninsel, benannt nach der hier früher vorhan-den gewesenen Rotunde; 4. die Roseninsel, die größte von allen; 5. die Blumeninsel, frü-her Carousselinsel. Mit Ausnahme der letztgenannten ist jede Insel über einen Morgen groß; sie umfassen zusammen 1,30 ha und sind alle bewaldet.

Den malerischesten Anblick gewährt die Turminsel mit ihrer auf steiler Bergeshöhe empor-ragenden, von dunklem Tannengrün und hellem Laube fast verdeckten künstlichen Ruine und ihren unterirdischen Gängen. Von der Höhe des künstlich aus Felsblöcken aufgetürm-ten Kaskadenberges über dem offenen unterirdischen Gange rauschte früher ein mächti-ger wilder Wasserfall hinab in den See. Der Turm ist erst 1805 an die Stelle eines ehemali-gen Eiskellers getreten. Auch eine Windmühle stand einst auf der Insel, ebenso später, als die Kaskade eingegangen war, eine erst vor wenigen Jahren abgebrannte idyllische Fischer-hütte mit Badeeinrichtung. Die Roseninsel hat ebenfalls im Laufe der Zeit die wundersam-sten Veränderungen erfahren und früher wenigstens durch einen prächtigen Blumenflor ihrem Namen Ehre gemacht. Nimmt man zu all diesen und anderen Sehenswürdigkeiten noch den Umstand, daß außer einer Fähre nach der Turminsel und einigen Kähnen eine Flotte von mehreren großen Schiffen chinesischer, türkischer, venetianischer und sonstiger Bauart mit einer Bemannung von 15 uniformierten Matrosen den See befuhr, so kann man sich ungefähr eine Vorstellung machen von dem farbenprächtigen Bilde, welches unser Bagno vor hundert Jahren seinen staunenden Besuchern geboten hat.

Wir nehmen nunmehr unsern Rundgang wieder auf, gehen von der Knüppelbrücke am

See entlang bis zur Anlegestelle der Kähne und verfolgen den Weg weiter immer geradeaus. Links bemerken wir im Walde die Trümmer einer Wasserkunst und rechts hinter der großen Lichtung eine Gruppe alter ausländischer Bäume, darunter einen schönen Tulpenbaum. Bald wird unser Weg von einem Bache gekreuzt, an dem früher ein imitierter, in seiner Tonne sitzender Diogenes (1784 dem Diogenes auf Schloß Weissenstein oder Wilhelmshöhe bei Kassel nachgebildet) zu philosophischen Betrachtungen über die Nichtigkeit des menschlichen Treibens anregte. Wagen wir nun am Bache entlang einige Schritte nach rechts in den Wald hinein, so stehen wir vor dem Teiche der ehemaligen Großen Fontaine, die einen 1 1/4 Fuß dicken Wasserstrahl 100 Fuß hoch emporzuschleudern vermochte. Die Aufsicht über diese Fontaine und die zahlreichen anderen Wasserkünste des Bagno führte ein Fontainier, der in dem nahegelegenen Hause an der Aa wohnte, wohin der von uns eben verlassene Weg führt.

Das umliegende Stück des Bagno führte den Namen Egypten, denn hinter dem Hause des Fontaineaufsehers standen acht, später zehn 65 Fuß hohe Steinpfeiler, Pyramiden genannt, die ein gewaltiges Wasserreservoir trugen, über welchem sich ein von vier Pfeilern getragenes zweites Bassin und über zwei weiteren, sich verjüngenden Stockwerken ein 202 Fuß hoher Aussichtsturm, das Belvedere, erhoben. In diese Reservoirs wurde zur Speisung sämtlicher Wasserkünste das Wasser der abgeleiteten Aa durch hydraulische Maschinen und das 102 Fuß hohe hölzerne Schöpfrad emporgetrieben. Als dieses Hohe Rad am 9. November 1800 durch einen Sturmwind zerstört worden war, wurde auf dem andern Ufer in dem alten Flußbette ein neues Hohes Rad zwischen den beiden jetzt noch teilweise erhaltenen mächtigen Steinpfeilern errichtet.

Aus Egypten führen mehrere hübsche Wege zur Stadt, wir kehren aber auf dem uns bereits bekannten Wege zum See zurück und gehen an dem Wiesenufer entlang bis zu der Ruhebank unter einer mächtigen Weymouthkiefer, um von hier aus den schönen Blick auf den See zu genießen. Weiter wandernd gelangen wir an das Westende des Sees und können nun durch den Wiesengrund oder am Nordufer des Sees entlang gehend auf dem ersten Seitenwege links durch den Wald zur Stadt zurückkehren, wenn wir es nicht vorziehen, den Rundgang um den See bis zur Langen Brücke zu vollenden und unter den Buchen des Konzertplatzes Erholung und Erfrischung zu suchen.

Anmerkungen

1) Konzept in der Korrespondenz von 1787. – Über die aus dem Hause Oldenburg stammende Gräfin Charlotte Sophie von Bentinck (1715-1806) vergl. die Allg. Deutsche Biographie II. 343.

2) Le Rouge: XVIII et XIX Cahiers des Jardins Anglais. Paris, May 1787. Auf den Abdruck des französischen Textes wurde verzichtet, da im folgenden Abschnitt eine fast wortgetreue Übersetzung von Hirschfeld folgt. (Pr.)

3) C. C. L. Hirschfeld: Kleine Gartenbibliothek. Eine erweiterte Fortsetzung des Garten-Calenders. I. Band. Mit Kupfern. Kiel, bei dem Herausgeber. Ohne Jahr. (1791). Dieser Band ist dem Grafen Ludwig gewidmet und enthält auf S. 53-72 eine Schilderung des Bagno, die im wesentlichen eine freie und erweiterte Bearbeitung des Descriotion von 1787 ist. Zu dem Artikel gehört ein Kupferstich „Die Küche zu Bagno". Hirschfeld sandte dem Grafen am 22. Januar 1791 zwei Exemplare dieses Werkes.

4) Juliana Wilhelmina, gebohrner Prinzessin von Schleswig-Holstein-Glückburg, Gemahlin des Herrn Reichsgrafen. (Anmerkung Hirschfelds.)

5) Die noch vorhandenen Originalzeichnungen des gräflichen Baudirektors Leutnants von Schatzmann sind in der Tat weit besser als die Kupferstiche. (D.)

6) Dieser ganze Absatz ist lediglich die Umschreibung eines Briefes des Grafen Ludwig an Hirschfeld vom 16. April 1789. Bei der Übersendung von zwei Heften der Bagnobilder bittet der Graf um Nachsicht wegen der Aufpfropfung englischer Gartenpartien auf ältere Partien nach französischem Geschmack des Le Notreschen Systems; er habe sich nicht entschließen können, dasjenige ganz zu vertilgen, was das Werk seines zärtlich geliebten Vaters war. Hirschfeld werde auch tadeln, daß man zugleich hier eine ionische Galerie, einen gotischen Kiosk, ein chinesisches Palais und ein türkisches Gebäude erblicken könne. Dieser Kontrast widerspreche der edlen Einfachheit; aber ganz so sei es auch in den englischen Parks, besonders in Kew. Auch dürften die Hauptgebäude in einer campagne wegen der Bequemlichkeit nicht zu weit von einander entfernt sein. Als entscheidenden Grund führt aber der Graf zu seiner Entschuldigung folgendes an: „Hier in einer Gegend, wo man beinahe nichts von der schönen Gartenkunst kennt und eine jede mäßige Anlage ein Phänomen ist, wo, sage ich bei mir, der Hauptgedanke der ist, durch Besuch der Fremden, deren Zahl jeden Sommer weit in die Tausende geht, den Nahrungsstand der Unterthanen zu heben und selbigen einen reichen Gewinn zu schaffen, ist es notwendig, die Neugierde zu spannen und Kontraste zu bilden."
Erwähnt sei bei dieser Gelegenheit noch ein Wort des Grafen aus einem Briefe vom 25. Oktober 1787 an Koopmann, einen Führer der flüchtigen holländischen Patrioten, den er einlädt, sich mit seinen vertriebenen Gesinnungsgenossen in Steinfurt niederzulassen; er schreibt: „Der erste meiner Pläne und Wünsche wird immer sein, Steinfurt aus seinem Nichts zu erheben: deshalb habe ich so viele Mühe und Kosten auf mein Bagno verwendet."

7) Dieser offizielle Bagno-Führer ist in 12° mit schlechten lateinischen Typen von Denhard, dem akademischen Buchdrucker des Arnoldinums, mangelhaft gedruckt worden. Bei der Seltenheit des Drucks glaubte ich auf eine vollständige Wiedergabe nicht verzichten zu können, zumal da auch der mit Hirschfeld Beschreibung übereinstimmende erste Teil (S. 1-16) im einzelnen viele Abweichungen aufzuweisen hat. Es sind daher die Wiederholungen aus Hirschfeld in Kleindruck, die Abweichungen von Hirschfeld in Sperrdruck und nur die selbständigen Partien in großem Druck gesetzt worden.

8) Aus einem Briefe Hirschfelds vom 5. Juli 1798, worin er dem Grafen Ludwig für die Zusendung der Bagnobilder und den liebenswürdigen Brief dankt, aus dem feinster Geschmack und Güte der Seele spreche. „So wahr wird es von neuem, daß die schöne Natur nur edle Herzen erwärmt". Er stellt dann dem Grafen einen Besuch im Bagno und die Aufnahme einer Schilderung dieses Parks in eine seiner nächsten Gartenschriften in Aussicht.

9) Diese Jahreszahl paßt nur auf die zuletzt erschienen 6 Tafeln des dritten Teils…

10) Eine stark verkleinerte Wiedergabe dieses schönen Stiches von 1792 befindet sich im ersten Teil meiner Schrift (hier nicht wiedergegeben. Pr.) Die Originalplatte Weises wird im Fürstlichen Kunsthause aufbewahrt.

11) In diesem Absatze sind mehrere bei Hirschfeld S. 56 erwähnte „Sehenswürdigkeiten", weil nicht mehr vorhanden, weggelassen.

[12] Desgl.

[13] Das folgende kommt bei Hirschfeld erst S. 69.

[14] Hier sind 4 von Hirschfeld S. 59 erwähnte „Sehenswürdigkeiten" weggelassen; eine davon, der Liebes-gott, wird einige Zeilen später genannt.

[15] Wer Du auch seist, siehe Deinen Meister! (Voltaire).

[16] Hierzu folgende Verbesserung von der Hand des Grafen: „zu dem aus einem in Ruinen zusammenge-stürzten Gebäude noch übergebliebenen ehrwürdigen Sitze bey einer bejahrten Büche vorbey".

[17] Bei Hirschfeld S. 60 noch Badesaal!

[18] Hier sind der Eiskeller und die Einsiedelei (Hirschfeld S. 63) weggelassen; ersterer wird später S. 19 und letztere S. 34 erwähnt.

[18a] Aus M. Watelet: Essai sur les Jardins, Paris 1778, S. 138 f., von dem Hirschfeld, Theorie der Garten-kunst I. S. 46, einen Auszug gibt.

[19] Das Folgende bis Seite 40 oben stimmt wörtlich überein mit Hirschfelds Beschreibung S. 70-72 bis „antrafen".

[20] Karl Justus Gruner: Meine Wallfahrt zur Ruhe und Hoffnung, oder Schilderung des sittlichen und bür-gerlichen Zustandes Westphalens am Ende des achtzehnten Jahrhunderts, Frankfurt a. M. 1893 II. Teil S. 27-52. Hieraus ist die Schilderung der Steinfurter Verhältnisse größtenteils abgedruckt bei Eduard Vehse: Geschichte der deutschen Höfe. 40. Band: Geschichte der kleinen deutschen Hofe. VI. Teil S. 290-331. Die hier (S. 311) von Vehse dem Grunerschen Bericht angehängte Verdächtigung der Sittlich-keit des Grafen Ludwig kann nur als eine haltlose Verleumdung bezeichnet werden. − Der Osnabrück-ker Gruner (1777-1820) ist bekannt als ein trefflicher preußischer Patriot und Staatsmann, als Freund und Gesinnungsgenosse Steins und als feuriger und erfolgreicher Bekämpfer der Gewaltherrschaft Napoleons. In seiner „Wallfahrt" zeigt er zwar viel jungendliche Überschwänglichkeit, daneben aber auch überall eine scharfe Beobachtungsgabe, eine lebendige Darstellung und eine edle Gesinnung. Vergl. über ihn die Allg. Deutsche Biographie X. S. 42-48.

[21] So ist z. B. der Erzieher der jungen Grafen auch wirklicher Kanzlirath und Hofmarschall! Mehr aber ist dieser Doppelgebrauch noch unter den niederen dienenden Klassen gebräuchlich, wo die Soldaten auch zugleich Bediente, Läufer etc. am Sonntage, und in der Woche arbeitende Tagelöhner sind. Auf den ersten Anblick fällt dies in's Lächerliche, verschwindet aber, wenn man den allgemeinen Werth jedes (!) Hof-Etikette richtig anschlagen, und dann zugleich erwägen will, ob es besser sey, daß der Graf von Bentheim-Steinfurt einen glänzenderen, mehr Kosten erfordernden Hofstaat (der doch immer Schein bleibt) oder diese Gelder zur einstigen Auslösung der Grafschaft Bentheim erspare? (Anm. Gruners.)

[22] Mit dem bittersten Unwillen habe ich Leute, die von der gräflichen Familie auf das Zuvorkommendste und Gastfreundlichste aufgenommen waren, über die kleinen Schwächen derselben hinterdrein satyri-siren hören. Ohne des Mangels an der Erfahrung und Menschenkenntnis dabei zu gedenken, dem sich solche Spötter aussetzen, erniedrigen sie sich durch ihren Undank zu tief, um auf Glaubwürdigkeit Anspruch machen zu können. Man halte mich nicht durch die Güte der gräflichen Familie für besto-chen. Meine unparteiischen Rügen werden beweisen, daß es mir auch hier um Wahrheit galt. Aber warum denn spotten, wo es neben manchen Fehlern doch so viel überwiegendes Gute giebt? Und dies zu rühmen, war hier, eben wegen dieser Spöttereien in manchen Teilen Westphalens der Ort. (Anm. Gruners.)

[23] Ich nenne diesen denkenden Künstler und biedern trefflichen Menschen hier mit inniger Freude mei-nen Freund. (Anmerkung Gruners.) − Der aus Worms stammende Architekt Johann Philipp Hoff-mann stand 1798-1802 im Dienste des Grafen Ludwig; seine „Facade eines Hauptgebäudes im Bagno im Geschmack des griechischen Tempels zu Posidonia" ist noch erhalten.

[24] Das Zudrängen desselben vermehrt sich mit jedem Jahre, und in Sommerszeiten ist oft an Konzertta-gen eine beau monde von hundert Personen und eine Abendtafel von fünfzig Couverts hier zu finden. Schon dieses Zunehmen der Besuche beweist die Zufriedenheit der Gäste mit der hier gefundenen Auf-nahme. Die Wirthe der Stadt werden reich dabei, und haben ihre Gasthöfe sehr verbessert.

[25] Vielmehr läßt er mit der ihm eigenen Politur, nicht leicht einen Fremden unangeredet, und er besitzt eine außerordentliche Fertigkeit darin, mit einem Jeden über die ihm gelegensten Gegenstände zu reden. (Anm. Gruners.)

[26] Gruner ergeht sich nun 7 Seiten lang in enthusiastischen Lobpreisungen der Gräfin Henriette. Die oben folgenden Proben mögen genügen. − Gräfin Henriette Sophie wurde geboren am 10. Juni 1777; sie ver-

mählte sich am 6. September 1802 mit dem 15 Jahre älteren Fürsten Karl August zu Solms-Lich, der aber schon am 10. Juni 1807 starb. Die Einsegnung der Ehe hatte in der Kirche des Bagno stattgefunden. Gräfin Henriette überlebte ihren Gemahl 44 Jahre, da sie erst 1851 am 8. Dezember starb.

[27] An der Kirchstraße, jetzt Eigentum der Witwe Fritz Rolinck.

[28] In dieser Schätzung irrt sich Gruner. Dr. med. Panagiota Friedrich Houth wurde nach Ausweis des Kirchenbuches zu Steinfurt geboren am 16. September 1755 als Sohn des Hofapothekers und Hofgerichtssassessors Dr. med. Johann Friedrich Houth und dessen Frau Aleide Margarete Beckhaus. Er war seit 1809 unter der bergischen und französischen Herrschaft Maire von Steinfurt und blieb nach der Vertreibung der Franzosen bis 1815 als Bürgermeister an der Spitze der Verwaltung seiner Vaterstadt. Sein Tod erfolgte erst am 6. November 1836. Vergl. über ihn auch Varnhagens Denkwürdigkeiten VII. S. 38 (siehe unten in der Beschreibung Varnhagen).

[29] Einige dieser Gemälde kamen durch Erbschaft in den Besitz des fürstlichen Domänenraths Meyer.

[30] Siehe oben Anm. 53.

[31] Der Unbefangene. I. Jahrgang 1804. Stück XVI. S. 245-251. Burgsteinfurt, vom 19. Sept. 1804. „Meine Reise nach dem steinfurter Bagno." Der Briefschreiber gehörte wahrscheinlich zu der Familie des Bremer Bürgermeisters Iken. Vergl. S. 48.

[32] Ende Juli 1804 wurde Bremen wegen angeblicher Begünstigung der Engländer von den Franzosen blockiert. Vergl. die Beilagen zum Unbefangenen Nr. 10 S. 38 f. und Nr. 11 S. 44 sowie unten S. 90.

[33] 1793 waren 7 Schiffe vorhanden, die für je 2-9 Insassen (ohne die Ruderer) eingerichtet waren: Das kleine grüne, das blaue, das kleine blaue Schiff, das Jungfernschiff, die Gondel, das Musikantenschiff oder die Fähre und der Drache, der für die Herrschaften bestimmt war. 1805 lief ein neues großes Schiff vom Stapel. Zu einem türkischen Schiff hatte der Graf sich unter großen Schwierigkeiten durch einen als Türken verkleideten Vertrauensmann eine genaue Beschreibung und Abbildung eines der bateaux du Grand-Seigneur verschafft. 1805 hatten die Schiffe eine Besatzung von 15 Mann.

[34] Clara Franziska von Merveldt, Äbtissin von Langenhorst, (vergl. S. 88, 91.) oder ihre Schwester Clara Luise.

[35] Carlotte Caroline, geb. 5. Mai 1789, † 6. Januar 1874.

[36] Vater des bekannten Komponisten Andreas Romberg (1767-1821), dessen „Glocke" im Bagno 1810 aufgeführt wurde.

[37] Das Orchester der Bagnokonzerte des Jahres 1805 bestand aus 7 Singstimmen, 3 Flöten, 11 Violinen, 3 Baßgeigen, 3 Contrabässen, 1 Serpant, 2 Althörnern, 4 Hörnern, 3 Klarinetten, 2 Oboen, 2 Trompeten, 1 Pauke, 3 Bläsern, 2 Orgelspielern, 1 Bassethorn und 2 Fagots. Außerdem gastierten damals nacheinander fünf fremde Musiker und Sänger. Die Besoldung der Kapelle erforderte etwa 6700 Fl. jährlich.

[38] Lodovico Simonetti, seit 1803 in der gräflichen Kapelle angestellt, unterrichtete zugleich die Gräfinnen Carlotte und Sophie im Gesang. Gehalt 700 Fl.

[39] Carlo Massimo Giuliani wurde 1784 auf Lebenszeit angestellt. Gehalt 450 Fl.

[40] Der österreichische Hauptmann Baron von Sahlhausen war 1799-1806 Chef der damals schon seit 60 Jahren bestehenden Kaiserlichen Werbung in Steinfurt.

[41] Borghorst, Metelen und Langenhorst, drei freiweltliche adelige Damenstifter.

[42] Von diesen verheißenen Briefen ist nur der zweite im XXVII. Stück des Unbefangenen vom 5. Dezember 1804 S. 427-440 abgedruckt; da er aber nur eine Schilderung des Damenstifts Borghorst bietet, so muß auf seine Wiedergabe hier verzichtet werden.

[43] Der Unbefangene. I. Jahrgang 1804. Beilage 18. S. 70.

[44] Irrig statt 29e.

[45] Irrig statt Crouzet, commissaire des guerres bei der französischen Armee in Hannover.

[46] Aufseher und Wirt im Bagno.

[47] Die Borghorster Stiftsdamen Sophia von Korff genannt Schmising und von Wintgens.

[48] Der Drost von Elverfeldt, Besitzer des Hauses Langen, der General-Landesempfänger Deitmar, Vertreter des Hauses Brandlecht, und der Hofrichter von Beesten als Deputierte der Stände der Grafschaft Bentheim.

[49] Am 14. Fructidor des Jahres XII hatte der französische Divisionsgeneral der Artillerie Eble auf Befehl des Marschalls Bernadotte dem Grafen zwei leichte Geschütze geschickt.

50) Dieses Protokoll des Regierungsrats Funck ist noch erhalten.

51) Brigadegeneral Leopold Berthier, Generalstabschef Bernadottes.

52) Vergl. über diese Politik, die Frankreichs Grenzen und Interessensphäre durch die Herstellung kleiner Pufferstaaten sichern wollte, Charles Schmidt, Le Grand-Duche de Berg, Paris 1905. S. 3f.

53) Gräfin Clara Franziska von Merveldt, Äbtissin von Langenhorst.

54) Nach dieser am 18. Mai 1804 in Paris mit Noel, dem Vertreter des Rheingrafen, abgeschlossenen Konvention sollten die zwischen den Grafschaften Bentheim und Steinfurt liegenden rheingräflichen Gebiete (Wettringen, Rotenberg, Bilk und Haddorf) für 75 000 Reichstaler an den Grafen Ludwig abgetreten werden. Aber die Sache zerschlug sich.

55) Am 16. Brumaire an XIII (7. Nov. 1804) benachrichtigte Oberst Gerard, der Adjutant Bernadottes, den Grafen von der Absendung aller auf die Grafschaft Bentheim bezüglichen Akten und Register aus dem Archiv zu Hannover. Am 16. November abends kamen diese Archivalien auf einem sechsspännigen Wagen unter militärischer Bedeckung in Steinfurt an.

56) Dies ist so zu verstehen, daß der Grafschaft Bentheim diese Summe an Verpflegungsgeldern für durchmarschierende französische Truppen infolge der Neutralität erspart werden würde.

57) Gräflicher Kanzleirat. − Der Graf schickte außerdem am 23. Oktober dem Marschall zwei edle holländische Harttraber als Geschenk nach Hannover.

58) „Wallfahrt durch's Leben von Baseler Frieden bis zur Gegenwart. Von einem Sechsundsechziger." 9 Bände. Leipzig 1862. Hermann Costenoble. Band I. S. 200-225. Der ungenannte Verfasser dieser Lebenserinnerungen war der bedeutende Kartograph und geographische Schriftsteller Heinrich Karl Berghaus (1797-1884). Seine Schilderungen von Land und Leuten sind immer lebendig, anschaulich und interessant, wenn auch im einzelnen manches anfechtbar und nicht ganz zuverlässig erscheint. Geboren zu Cleve als Sohn eines preußischen Beamten, der 1803 nach Münster versetzt wurde, hat Berghaus von Münster aus zuerst 1805 als Knabe und in den Jahren 1811-1813 als Ingenieur-Geograph im Corps imperial des ponts et chaussees des Lippedepartements Steinfurt wiederholt besucht. Als seine Schwester Friederike im Sommer 1805 sich mit August H., Kontrolleur der Königlich preußischen Salarienkasse zu Münster, verheiratete und ihre Hochzeitsreise nach dem Steinfurter Bagno machte, erlaubte sie ihren jüngeren Brüdern Fritz und Karl, sie dorthin zu begleiten, und diesem Umstande verdanken wir die hier wiedergegebene Reiseschilderung.

59) Hier folgen einige angeblich in Münster verbreitete und geglaubte Verunglimpfung der Person des Grafen Ludwig, die Berghaus sich gewiß erspart haben würde, wenn er als Erwachsener den Grafen persönlich kennen gelernt hätte.

60) Darüber ist aus den Akten nichts bekannt.

61) Von Seite 211 bis hierher hat Berghaus die Schilderung des ihm persönlich unsympathischen Varnhagen (s. unten) ausgiebig, aber zum Teil karikierend benutzt.

62) Diese Bemerkung des Verfassers über den angeblichen damaligen Flor des Arnoldinums verrät eine auffällige Unkenntnis der wirklichen Verhältnisse.

63) Im Jahre 1799. Protoc. civitatis Steinfurtensis.

64) Diese Behauptungen sind stark übertrieben und werden widerlegt durch die Berichte Varnhagens (s. unten) und Rampons (s. S. 51) sowie durch die Korrespondenz des Grafen Ludwig. Auch das von Berghaus den Straßen Steinfurts wiederholt gespendete Lob „holländischer Reinlichkeit" hatte damals nur eine relative Berechtigung.

65) Karl August Varnhagen von Ense (1785-1858): Denkwürdigkeiten und vermischte Schriften, 7 (9) Bände, Leipzig 1843-46 (59). Band II und VII.

66) Drie dagen op reis, of Bentheim en Steinfurt door een' Drentschen bril bekeken. Te Deventer, bij J. de Lange. 1843. Seite 45-66 (71). − Drei ungenannte gebildete, mit der niederländischen und französischen Literatur wohlvertraute Holländer aus Koevorden in der Provinz Drente schildern in diesem Bändchen von 107 Seiten in oft humorvoller Weise ihre Erlebnisse auf einer dreitägigen Reise durch drei Königreiche (Holland, Hannover, und Preußen). Ihr Bericht über das Bagno ist besonders dadurch interessant, daß er zeigt, wie viele von den Sehenswürdigkeiten des alten Bagno damals schon verschwunden waren. − Bei der Übersetzung des holländischen Textes gewährt mir Herr Ingenieur Otto Cohen aus Amsterdam, ein früherer Schüler des Arnoldinums, in dankenswerter Weise seine Unterstützung.

67) Vergl. S. 44.; S. 77.

68) Rhijnvis Feith (1753-1824), holländischer Dichter und Bürgermeister zu Zwoll, schrieb sentimentale Romane, Lehrgedichte und Trauerspiele, die 1824 in einer Gesamtausgabe von 11 Bänden vereinigt erschienen. Nach einem Besuche im Bagno im Sommer 1792 hatte er dem Grafen Ludwig seine Werke zugesandt und, einer Bitte des Grafen entsprechend, drei Proben für eine Inschrift an der Bagnokirche beigelegt. Er bedauert, durch die Knappheit des ihm zugemessenen Raumes bei der Abfassung dieser Inschriften behindert worden zu sein, und fügt vier Zeilen hinzu, Que la vue frappante et peu attendue du nouveau Temple à Bagno a fait naitre. Diese letzteren vier Zeilen wählte dann der Graf für die Inschrift: Sie lauten in freier Übertragung:
Wer du auch seist, o Mensch, kann die Natur gefallen,
Knie hier im Heiligtum vor deinem Schöpfer hin!
Ihm, der die Welt erfüllt, soll hier dein Loblied schallen,
Zum Tempel seiner Ehr weih deinen edlen Sinn!

69) Graf Ludwig war ein großer Verehrer Klopstocks, aus dessen Messiade er 1788 zu seinem Privatgebrauch einen Auszug gemacht hatte. Er hatte dem Dichter 1793 auch den Weiseschen Stich vom Bagno zugesandt.

70) Dies Belvedere ist nicht mehr der damals schon abgetragene egyptische Turm auf den Pyramiden, sondern, wie das folgende beweist, der Turm auf der Ruineninsel.

71) Das Kabinet der ehemaligen Fischerinsel; vergl. S. 36, 51, 68, 91.

72) Es folgt eine Übersicht über die in sieben Zimmern aufbewahrten naturhistorischen und kulturgeschichtlichen Gegenstände und Kuriositäten sowie über die Sammlungen von Büchern, Münzen und Gemälden auf Grund eines von dem Museumsaufseher Denhard geschenkten Kataloges.

73) Es folgen einige Bemerkungen über die Straßen, Gebäude, Rathaus, Kirchen und Juden von Steinfurt.

74) Dies wird erwiesen durch den Umstand, daß der Titel des Bagno-Planes von 1787 lautet; Plan general du Bagno (Bain) etc., und außerdem noch bestätigt durch eine Äußerung der Gräfin Karoline von Bentheim-Steinfurt in einem aus Büdingen an ihren Bruder, den Grafen Ludwig, gerichteten Briefe vom 12. Juni 1786, in welchem sie erzählt, sie nehme täglich ein kaltes Bad in einem Bache und habe sich hierfür freilich kein Bagno, sondern nur ein kleines Badehäuschen machen lassen. − Übrigens hieß ein nach den Plänen Le Notres von der Herzogin von Orléans angelegter Park bei Paris Bagnolet, und nach dem Steinfurter Park wurde eine kleine Gartenanlage bei Nottuln „das Bagno" genannt; vergl. Longinus, Führer durch das Münsterland II. 196.

75) Inventare der Archive des Kreises Steinfurt, fürstlich Bentheimisches Archiv I. 3 Seite 43. Urk. 18; Niesert, Münst. Urk.-Sammlung V. S. 1888. −

76) Vergl. Westf. Urkundenbuch VII. Nr. 439: super inceduis, quod vulgo sundere dicitur; III. Nr. 1293: nemus, quod in vulgari dicitur sunder; Osnabrücker Urkundenbuch III. Nr. 15: indaginis, quod in vulgari sundere dicitur.

77) Die folgende Beschreibung wird aus dem 1903 erschienenen Führer von Burgsteinfurt von Karl Döhmann wiedergegeben. Sie fehlt in der Ausgabe von 1907. (Pr.)

Schriftenreihe des Kreisheimatbundes Steinfurt:

Band 1: Hermann Reckels
Volkskunde des Kreises Steinfurt
Fotomechanischer Nachdruck
ISBN 3-923166-04-1

Band 2: Bernhard Hegemann
Düt un Dat
Gedichte in mönsterländsk Platt
ISBN 3-923166-05-1

Band 3: Hans-Walter Pries
Schicksalsjahre
Der Steinfurter Raum 1939-1950
ISBN 3-923166-11-1

Band 4: Jürgen Buschmeyer
Emsdetten vom Dorf zur Stadt
1000 Jahre Geschichte des Dorfes Emsdetten
ISBN 3-923166-23-0

Band 5: Das Steinfurter Bagno
Alte Beschreibungen und Ansichten
ISBN 3-923166-24-9

Band 6: 400 Jahre Arnoldinum 1588-1988
ISBN 3-923166-25-7